Guide pratique du Bonsaï

Comment le cultiver, le tailler, le soigner

massin

OLIVIER GIHAUT

Guide pratique du Bonsaï

Comment le cultiver, le tailler, le soigner

massin

Sommaire

L'art du bonsaï

L'ORIGINE DES BONSAÏS

Le terme japonais *bonsaï* signifie littéralement « plante en pot » – *bon-* pour « pot » ou plateau de présentation, et *-saï* pour « planter », « cultiver ». En réalité, le bonsaï est originaire de Chine. Il était alors cultivé en pot à des fins médicinales pour approvisionner les herboristeries en feuilles fraîches.

Au IIe siècle avant notre ère, des artistes-jardiniers créèrent des paysages entiers sur des plateaux : les *peijing*. Sous la dynastie des Tsin (220-581) apparaissent les *pun-saï*, qui ne sont composés que d'un seul arbre. Ce sont les précurseurs des bonsaïs japonais.

Leur existence fut attestée avec la découverte d'une fresque à l'intérieur de la tombe du prince Zhang Huai, décédé en 705. Celle-ci représentait deux valets portant un vase en forme de lotus, qui contenait un arbre avec des feuilles vertes et des fruits rouges.
L'art du bonsaï fut adopté par les moines bouddhistes qui l'introduisirent au Japon entre le Ve et le VIIe siècle. Le bonsaï ne fut réellement intégré à la culture japonaise qu'en 1944, lorsque Chu Shun-Sui, fonctionnaire chinois fuyant la domination mandchoue, importa sa collection au Japon.
La plus ancienne représentation d'une plante en pot date de 7 000 ans, sur un morceau de poterie mis au jour en Chine. Le Japon demeure toutefois le pays qui perfectionne l'art de l'arbre en pot, grâce entre autres à la publication de nombreux livres sur leur culture. L'esprit zen et taoïste apporte par ailleurs raffinement et dépouillement à cette discipline.
Lorsque se développe l'art des jardins, la maison japonaise inclut les *shoin zukuri*, alcôve de présentation contenant d'étroites étagères et de petits meubles. Le *tokonoma* est né !
En 1873, l'empereur japonais Meiji élève le bonsaï au rang d'art national. Les formes et les codes qui lui sont propres ne remontent qu'aux années 1950.
La *kokufu ten*, la plus importante exposition de la discipline, se déroule chaque année au musée d'art de Tokyo depuis 1934.
En Europe, l'introduction du bonsaï remonte à 1878, lors de la troisième Exposition universelle de Paris. Aux États-Unis, après la Seconde Guerre mondiale, des bonsaïs sont également massivement importés du Japon.
Apparu en France dans les années 1960, le bonsaï connaîtra un véritable engouement au milieu des années 1980.

Depuis, en Asie, les pépinières produisent industriellement de petits arbres, sans âme, nous éloignant de la pensée « au naturel » des origines. Les véritables passionnés sont toutefois de plus en plus nombreux à se détourner de cet aspect commercial pour revenir aux fondamentaux. Cet art connaît ainsi une évolution permanente, et de nombreux maîtres l'enseignent afin de perpétuer la tradition.

Tout savoir avant de se lancer

Débuter avec les bonsaïs

L'ART DES BONSAÏS : SUIS-JE FAIT POUR CETTE PASSION ?

Un bonsaï n'est pas un objet de décoration, mais un végétal fragile qui nécessite une attention de tous les instants, et dont vous avez la « responsabilité ».
La première question à vous poser est la suivante : disposez-vous de suffisamment de place dans un endroit lumineux, hors gel et préservé d'un excès de chaleur ? Si vous n'avez pas de jardin, ni de balcon, mieux vaut vous abstenir car les arbres ont besoin de vivre dehors. Le choix des bonsaïs pouvant rester à l'intérieur est très restreint (voir chapitre « Les bonsaïs d'intérieur », p. 18).

Si vous avez de la place au jardin, veillez à mettre votre collection hors de portée des chats, chiens et jeunes enfants, qui pourraient se blesser en faisant tomber les pots.

Vous avez besoin d'un contact avec le végétal, et votre mental est en manque de zen attitude ? Le monde des bonsaïs vous apportera beaucoup. Cette activité, en plus d'être propice à la méditation, établit un véritable lien avec la nature.

N'ayez pas d'a priori négatif comme « Je n'ai pas la main verte ! » : il se révèle souvent faux. Pour être proche du végétal, il suffit d'observer et d'être à l'écoute des besoins de la plante.

Enfin, patiemment, apprenez les techniques en commençant par des espèces simples à gérer. Privilégiez les arbres adaptés à votre climat : chêne, érable, olivier, bouleau, pour l'extérieur ; ficus et crassula, pour l'intérieur. Je vous conseille vivement de vous lancer dans l'art du bonsaï avec ces espèces robustes avant de passer aux conifères, plus délicats à réussir.

COMMENT CHOISIR SON PREMIER BONSAÏ ?

Pour moins de 50 euros, vous pouvez acheter un jeune plant de pépinière et même un pré-bonsaï pour vous entraîner. Les plus beaux sujets, souvent âgés, coûtent quant à eux plusieurs milliers d'euros, aussi est-il plus prudent d'attendre d'avoir de l'expérience avant d'acheter des sujets de collection !
Attention face aux prix bas des grandes surfaces, qui vendent souvent des sujets en mauvais état, formés trop rapidement et au tronc inesthétique... Avant tout achat, vérifiez l'état général de l'arbre. Sa silhouette doit être harmonieuse avec une cime arrondie. Les premières branches se situent idéalement à un tiers du tronc (à partir de la base) et sont alternées.

Aucune trace de ligatures ne doit être visible sur les branches. Les fils métalliques provoquent parfois des cicatrices en entaillant l'écorce. Cela est disgracieux et peut constituer la porte d'entrée de champignons pathogènes et de maladies.

Le **tronc** doit être plus gros à la base qu'au sommet : c'est ce qu'on appelle la conicité. Cela se vérifie rarement chez les bonsaïs bon marché, dont le tronc est souvent mal formé et disgracieux.

Les **feuilles** ne doivent pas être molles ou claires, ni tachées, ni abîmées. Regardez sous les feuilles afin de vous assurer qu'aucun puceron ou autre cochenille y est caché.Les jeunes pousses doivent par ailleurs être nombreuses et vigoureuses. Si elles sont molles, décolorées ou fanées aux extrémités, cela signifie que le bonsaï est en souffrance, voire en train de mourir.

Observez également les **racines**. Veillez à ce qu'elles soient en bon état, nombreuses et avec des radicelles blanches. Un bonsaï en bonne santé possède un beau *nebari*, c'est-à-dire des racines disposées de façon homogène. Elles ne se croisent pas et ne font pas de nœuds.

Enfin, sortez délicatement la motte de son pot pour vous assurer que les racines n'y sont pas à l'étroit, et qu'il reste du substrat. Les racines d'un bonsaï ayant séjourné trop longtemps dans son pot sans bénéficier de rempotage finissent par former un chignon. Si la situation perdure, la sève circule mal et l'arbre peut alors mourir. Le premier réflexe à avoir quand vous achetez un bonsaï est de le rempoter. Les bonsaïs bon marché ne sont pas plantés dans un bon mélange. Si ce n'est pas la bonne période pour rempoter, faites-le tout de même, mais sans tailler les racines. Vous le ferez ultérieurement.

La **mousse** présente à l'extérieur du pot, contrairement à ce que l'on peut penser, est très utile car elle limite l'évapotranspiration. Souple et bien verte, elle sert en effet à conserver l'humidité. Si la mousse est sèche, s'effrite au toucher et qu'elle vire au brun clair ou au blanc, cela signifie qu'elle est morte et que la motte ne doit pas non plus être en bon état.

OÙ ACHETER SON BONSAÏ ?

Trois possibilités s'offrent à vous :

- Grandes surfaces et jardineries : elles proposent des sujets de type industriel à bas coût mais dont le taux de survie est faible.
- Internet : on y trouve de bons sites de vente par correspondance, mais aussi de très mauvais... Les bonsaïs, généralement industriels et parfois mal formés, y sont vendus à des prix prohibitifs. Si vous souhaitez tout de même passer par ce biais, repérez les bons professionnels, mais déplacez-vous lors de l'achat pour choisir vos arbres (voir « Les bonnes adresses », p. 125).
- Spécialistes et professionnels du bonsaï : leur pépinière abrite souvent de beaux arbres cultivés avec passion. Vous pourrez choisir entre des pré-bonsaïs, des jeunes plants et des *yamadoris* (arbres prélevés dans la nature) qu'il faut savoir entretenir, car c'est un projet à long terme. Enfin, si vous avez de l'expérience, vous pouvez aussi obtenir de vieux sujets, véritables œuvres d'art souvent importées du Japon.

Se rendre chez un spécialiste est certainement la méthode la plus fiable pour réussir la culture de vos arbres. Vous disposerez de sujets de qualité et pourrez bénéficier des conseils avisés d'un professionnel.

EN RÉSUMÉ

Commencez avec un arbre robuste, pas trop onéreux à l'achat.

Au fil de votre expérience, passez à des bonsaïs plus techniques : *yamadori*, conifères ou vieux sujets.

Adhérer à un club local est aussi très intéressant. Vous y apprendrez de nombreuses techniques et bénéficierez de promotions ou d'achats groupés sur le matériel et les livres (voir « Les bonnes adresses », p. 125).

Quelques notions de base

PETIT GUIDE DU DÉBUTANT

La fertilisation

▸ **À faire :** nourrissez les pins. Les jeunes arbres ont besoin de développer des branches et un tronc vigoureux, ce qui nécessite beaucoup de nourriture. En revanche, les besoins en azote des arbres plus matures sont moindres, car ils ont tendance à croître et épaissir exagérément. Contentez-vous de leur apporter une fertilisation foliaire les

trois premiers mois de l'année, puis de l'engrais léger (30/10/10 à demi-dose).

À ne pas faire : ne vous précipitez pas sur une promotion alléchante d'engrais sans l'avoir testé. *Retrouvez le mode d'emploi de la fertilisation p. 44.*

Les substrats

À faire : pour les pins, utilisez un substrat léger. Mélangez différents graviers afin de reproduire un sable de rivière, au diamètre compris entre une tête d'allumette et un petit pois. Pour les arbres plus grands, utilisez de gros graviers.
Apportez des aiguilles de pin décomposées aux racines des mycorhizes.

Ajoutez de la tourbe compostée, de l'écorce broyée ou du terreau de feuilles (40 % organique) et du gravillon (60 % minéral).

À ne pas faire : ne rempotez pas vos pins dans de l'*akadama* pur, car il conserve trop d'humidité en hiver.

La taille

À faire : taillez avec mesure. N'éliminez pas totalement les branches fines, laissez-en pousser quelques-unes (cela augmente le nombre de branches complémentaires). Quand vous taillez une branche, laissez un moignon, à transformer en *jin*.
Retrouvez le mode d'emploi de la taille p. 46.

TAILLE OU LIGATURAGE ?
Il existe deux écoles. Il est toutefois préférable de tailler plutôt que de ligaturer. Le fil permet d'aller plus vite, mais les courbes obtenues sont alors moins naturelles.

Le rempotage

À faire : lors de la taille des grosses racines, conservez-en de petites afin d'accélérer la cicatrisation de la blessure.

À ne pas faire : n'arrosez pas avant le rempotage, cela rendrait la terre compacte et le

nettoyage des racines deviendrait compliqué (vous risqueriez de les arracher ou de les casser). Ne laissez pas sécher les racines : une fois nettoyées et démêlées, placez-les dans une bassine d'eau à l'ombre avant de terminer le rempotage.

Retrouvez le mode d'emploi du rempotage p. 39.

Les poteries

À faire : utilisez des pots de bonne qualité, ayant du caractère, de belles formes et couleurs. Trouvez des artisans qui travaillent avec finesse : cela mettra en valeur le style de votre bonsaï.

À ne pas faire : ne conservez pas le pot d'origine lorsque vous venez d'acheter un bonsaï bon marché. Il s'agit souvent de pots en terre cuite qui ne résistent pas au gel !
N'utilisez pas de contenants vernis ou ordinaires. Ces poteries importées ont une apparence monotone et ne subliment pas les arbres.

LES ERREURS DU DÉBUTANT

Vous avez trop d'arbres à gérer ?
Au début, on est souvent victime de la « fièvre du collectionneur ».

Mieux vaut toutefois avoir un ou deux bonsaïs bien soignés que plusieurs arbres en piteux état qui finiront au compost !

Vous avez oublié d'arroser votre bonsaï ?
Vous pouvez exceptionnellement tremper le pot dans une bassine d'eau pendant quelques heures, puis le laisser s'égoutter. C'est souvent l'opération de la dernière chance.
Après un manque important d'eau, il est vivement recommandé de rempoter l'arbre avec du substrat neuf et de bien l'arroser.

Vous partez en vacances et ne pourrez pas arroser vos bonsaïs ?
Dans le cas où vous partez longtemps en congés (plus d'une semaine), prévoyez un arrosage automatique (avec brumisation si une canicule est installée).

Vous arrosez trop vos bonsaïs ?
Quand on dit « bassinez le feuillage », il s'agit d'arroser avec une pomme d'arrosage à trous fins pour éviter le dessèchement des feuilles l'été. On ne doit en aucun cas immerger le pot dans une bassine d'eau !

Votre arbre semble malade et change brusquement de couleur ? Vous avez oublié de le rempoter et il ne peut plus assurer une croissance optimale ?
Afin d'éviter ce genre de désagrément, prévoyez un cahier ou un agenda dans lequel vous consignerez toutes les tâches à faire mois par mois, ainsi que le programme pluriannuel de formation de vos arbres.
Notez aussi la date d'achat, de semis ou de création de chaque arbre. Il est important de connaître précisément leur âge pour leur apporter les soins adaptés.

Votre bonsaï semble dépérir ?
Cela peut simplement être la conséquence d'un mauvais entretien. Rendez-vous au chapitre « Les maladies et indésirables », p. 58, pour comprendre la cause du problème.

Former un bonsaï prend des années. Cultivez la patience !

LES IDÉES REÇUES

Il existe des bonsaïs d'extérieur et d'intérieur.
En réalité, il n'existe pas de bonsaï d'intérieur, mais plutôt des arbres pouvant séjourner en intérieur durant l'hiver. Rendez-vous au chapitre « Les bonsaïs d'intérieur, mythe ou réalité ? », p. 18.

Le bonsaï reste naturellement nain.
Le bonsaï est un arbre semblable à ceux que l'on trouve dans la nature. Ce sont les techniques de culture et de soin qui lui donnent cette forme miniature. Un bonsaï peut donc être créé avec la plupart des espèces d'arbre.

Il existe des graines de bonsaïs.
Ces paquets de graines vendus dans le commerce donneront des arbres de taille normale. Si vous ne les formez pas grâce aux bonnes techniques, ils ne pourront en aucun cas rester en pot !

Mettre beaucoup d'engrais favorise la croissance.
Cela est complètement faux. Par exemple, si votre bonsaï a reçu trop d'azote, les pucerons vont alors se régaler de cette sève « dopée ». N'oubliez pas qu'une plante se nourrit à 97 % des éléments présents dans l'atmosphère ! C'est pourquoi une fertilisation doit être raisonnée et apportée au bon moment (voir « La fertilisation », p. 44).

Les bonsaïs d'intérieur : mythe ou réalité ?

Parmi les idées reçues, certaines personnes pensent que les bonsaïs sont faits pour vivre à l'intérieur de nos maisons et appartements. En réalité, un arbre doit pousser dehors et vivre au rythme des saisons. Ce n'est pas parce que le bonsaï est un végétal miniature, et donc en pot, qu'on doit le cultiver n'importe où !

La diffusion commerciale massive en jardineries, grandes surfaces ou sur Internet de bonsaïs industriels à bas coût (souvent des ormes de Chine ou des ficus) induit les gens en erreur. Certains ont pu acheter ou recevoir en cadeau ce genre de bonsaï, prévu pour vivre environ deux ans, mais qui meurt souvent plus tôt.

- Si vous ne prenez pas la peine de rempoter rapidement ce bonsaï pour lui redonner une chance, c'est l'échec assuré.
- Les bonsaïs doivent également bénéficier d'une bonne luminosité ; or, en hiver, les jours sont courts et ils n'auront pas leur compte de lumière.

- Enfin, les bonsaïs ont besoin d'une bonne humidité atmosphérique, ce qui le plus souvent fait défaut. Il est utile de prévoir un humidificateur (voire un brumisateur de terrarium) et un éclairage horticole.

CERTAINS BONSAÏS NE PEUVENT VIVRE QU'EN EXTÉRIEUR

Les bonsaïs d'extérieur correspondent aux espèces vivant sous un climat tempéré. Ils ne peuvent vivre à l'intérieur car ils ont besoin de subir les différentes saisons. Ils doivent recevoir des pluies au printemps et en automne, ainsi que du froid en hiver tout en étant abrité dans une serre hors gel (pour protéger les poteries également).

L'EXCEPTION DES BONSAÏS SUBTROPICAUX, TROPICAUX ET MÉDITERRANÉENS

Seuls les arbres subtropicaux, tropicaux et méditerranéens peuvent séjourner temporairement à l'intérieur, en prenant quelques précautions. Ceux-ci proviennent de Chine du Sud, d'Indonésie, de Thaïlande, de Taïwan, etc.

Voici un exemple de composition de substrat pour bonsaïs tropicaux : 30 % de pumice granulométrie 3 à 6 mm (pierre ponce pour bonsaï), 50 % d'*akadama*, 20 % de terreau de feuilles.

Vous les accueillerez chez vous uniquement l'hiver, plus précisément d'octobre à mai, dans une serre ou, à défaut, une pièce lumineuse hors gel, et dont la température n'excède pas 18 °C, la température idéale étant comprise entre 10 et 15 °C. Les vérandas ne constituent pas des lieux d'accueil propices. Souvent mal conçues, elles se transforment souvent en four ! Seule une serre bioclimatique adossée à la maison peut faire l'affaire. Les bonsaïs détestent par ailleurs les courants d'air.

Si vous ne disposez pas de serre, posez votre bonsaï derrière une fenêtre très lumineuse. Ajoutez éventuellement une lampe horticole. À la belle saison, après les fameux saints de glace, à la mi-mai, remettez vos bonsaïs dehors, en veillant à ce que la température nocturne soit supérieure à 10 °C.

Évitez-leur tout choc thermique en les acclimatant progressivement. Pour cela, recouvrez-les d'un voile d'hivernage, que vous enlèverez lorsque tout risque de gel sera écarté.

Pour retrouver toutes les informations de culture des arbres subtropicaux, tropicaux et méditerranéens, rendez-vous p. 105.

Tablette pour bonsaï en intérieur, pour l'hivernage. Plateau étanche à réserve d'eau et bille d'argile, lampe horticole (sodium + néon).

EN RÉSUMÉ

Très peu d'espèces peuvent survivre à l'intérieur d'une habitation. Il y fait souvent trop chaud et elles y manquent de lumière.

Malgré tout, si l'on opte pour un arbre résistant, que l'on respecte ses exigences et qu'on le place dans un endroit sans courant d'air, lumineux et avec une bonne humidité atmosphérique, l'expérience peut réussir.

Aménagez une tablette avec un plateau contenant des billes d'argile et de l'eau (sans noyer le pot) et placez au-dessus une lampe horticole. Ce dispositif augmentera vos chances de conserver vos bonsaïs en bonne santé.

Formation d'un bonsaï : comment débuter ?

Il existe plusieurs façons de débuter :

- à partir de semis. Cette méthode vous procurera le plaisir de voir grandir un bonsaï, mais ce seront les générations futures qui en profiteront !
La technique du semis est développée au chapitre « Les techniques de multiplication », p. 53.

- à partir de jeunes plants de pépinière qui seront transformés en pré-bonsaïs en plusieurs années (cinq ans au minimum) : voir ci-dessous.

- par l'achat de pré-bonsaïs cultivés par des pépiniéristes spécialisés. Il est important de se fournir chez de bons techniciens (évitez notamment les arnaques qui fleurissent sur Internet) : voir ci-dessous.

Technique pour obtenir un beau nebari.
1. Fixez les racines principales avec des chevilles en bois.
2. Fixez et dirigez les racines avec des clous.
3. Fixez du grillage sur la planche de bois pour former un contenant.
4. Remplissez de substrat.

CULTIVER UN PRÉ-BONSAÏ EN PLEINE TERRE À PARTIR DE BOUTURE OU DE JEUNE PLANT DE PÉPINIÈRE

La première année, laissez l'arbre s'installer, vous taillerez ses racines seulement la deuxième année. En revanche, vous pouvez dès le début cerner les racines au louchet de pépiniériste, mais seulement d'un côté. Changez de côté chaque année. Cette opération ne vous dispense pas de tailler les grosses racines qui veulent s'enfoncer profondément.

Pour éviter d'avoir des racines trop profondes quand l'arbre sera devenu un beau *nebari* (s'il s'agit d'un pré-bonsaï, c'est plus rapide), une fois les racines taillées, positionnez l'arbre sur une planche en bois brut (n'utilisez pas de contreplaqué qui gondolerait à l'humidité) en le fixant à l'aide de nombreux clous (il s'agit d'une technique japonaise).

Attention ! Les pins noirs *(Pinus Thunbergii)*, par exemple, cultivés en pleine terre poussent très vite ! Une taille drastique tous les ans en mai est nécessaire, tout en respectant la conicité du tronc.

CULTIVER UN PRÉ-BONSAÏ EN PLEINE TERRE

Afin de faire grossir plus vite les plants, cultivez vos arbres en pleine terre pendant plusieurs années. Ce passage en terre est important pour la conception d'un beau sujet, et s'effectue de préférence au cours de la jeunesse de l'arbre. Le végétal se forme ainsi plus rapidement qu'en culture hors-sol. Cette technique est idéale pour les boutures et les jeunes plants de pépinière. Une bonne anticipation favorise par ailleurs le placement des racines et facilite la future mise en pot. Vous pouvez avoir recours à cette technique pour des arbres plus formés ou de beaux plants de pépinière.

Le passage en pleine terre ne consiste pas à planter l'arbre dans son jardin pour revenir quelques années plus tard voir si tout va bien ! Cette étape s'anticipe : une fois l'arbre en terre, surveillez-le et apportez-lui des soins aussi régulièrement qu'en pot, en le fertilisant de façon optimale et en l'arrosant.

La méthode

Pour une mise en pleine terre, il faut :

- 1 planche en bois carrée, dont le côté mesure environ dix fois la largeur du collet ;
- 1 visseuse et 1 tirefond ;
- 1 rouleau de grillage ou un matériau brise-vue à petites mailles.

Si le système radiculaire de l'arbre a déjà été plus ou moins travaillé et que les racines sont correctement positionnées, préparez également :

- 1 marteau et des clous ;
- des chevilles en bois ou des baguettes en balsa (de différents diamètres).

Sinon, passez l'étape 5.

Étape 1
Dépotez l'arbre à mettre en pleine terre. Enlevez l'ancien substrat et taillez uniquement les racines qui se trouvent directement sous le tronc. La racine pivot a été supprimée lors d'un rempotage.

Étape 2
Fixez l'arbre en le vissant au centre de la planche par-dessous. Le bonsaï doit être plaqué. Il ne doit y avoir aucune racine sous le tronc.

Étape 3
Démêlez les racines pour éviter qu'elles s'entre-croisent. Cette étape peut prendre du temps et il faut pulvériser régulièrement les racines pour ne pas qu'elles sèchent.

Étape 4
Répartissez les racines uniformément autour du tronc en supprimant celles qui ne sont pas disposées en rayon par rapport au tronc.

Étape 5
Donnez du mouvement aux racines conservées en plantant des clous dans la planche afin qu'elles serpentent autour d'eux. Le mouvement doit être ample et prononcé.

Étape 6
Lorsque toutes les racines sont placées sur le plan horizontal, utilisez des chevilles pour donner du mouvement sur le plan vertical. Alternez un placement au-dessus et en dessous des racines.

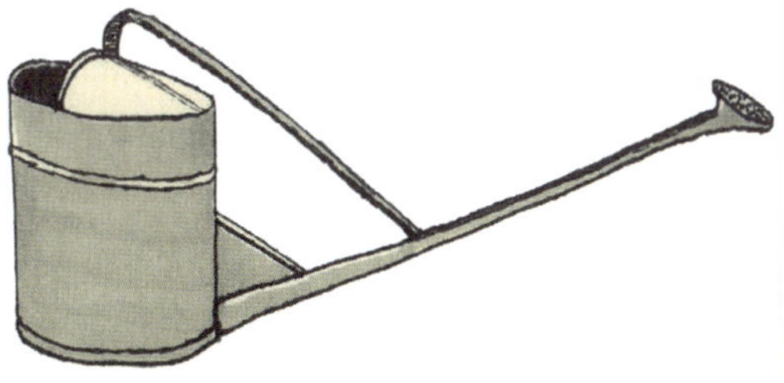

Arrosoir à pomme fine en alliage cuivre-laiton.

Étape 7
Découpez une bande de grillage de 5 cm environ, en fonction de la taille de l'arbre. Elle doit être suffisamment grande pour faire le tour de la planche. Agrafez-la aux rebords de la planche.

Étape 8
Remplissez de substrat à la fois drainant et rétenteur, puis tassez-le avec une baguette pour enlever les poches d'air.

Étape 9
Arrosez abondamment.

L'arbre ne peut pas être immédiatement mis en culture de pleine terre.
Conservez-le hors-sol pendant toute une saison afin de favoriser la division radiculaire et la création de radicelles près du tronc. L'année suivante, choisissez soigneusement l'emplacement où planter l'arbre, en tenant compte de l'ensoleillement, du vent et de la nature du sol. Une fois l'endroit idéal trouvé, creusez une fosse d'une largeur de 15 cm de plus que la planche supportant l'arbre, de faible profondeur pour que la terre affleure la surface du substrat. Lorsque l'arbre est dans le trou, retirez la grille retenant le substrat. Comblez l'espace vide avec une terre légère et meuble.
L'arbre peut ainsi passer cinq à dix ans en terre pour un résultat optimal. Taillez les plus grosses racines l'année précédant la remise en pot afin de rapprocher les radicelles du tronc.

Yamadori, ou comment prélever des plants dans la nature

***Yamadori* signifie littéralement en japonais « la voie de la montagne » et désigne les arbres prélevés dans la nature pour les transformer en bonsaïs.**
Ce sujet fait polémique auprès des professionnels comme des amateurs. Personnellement, je suis désormais opposé à cette pratique, car j'estime que les arbres sont faits pour rester dans leur milieu naturel. Jadis, je reconnais avoir prélevé de beaux sujets, que j'ai ensuite perdus par négligence. Cette technique pratiquée avec cohérence et en conscience reste toutefois utile, quand elle ne sert pas à alimenter le trafic destiné aux riches collectionneurs !

LA MÉTHODE

Tout d'abord, assurez-vous d'avoir l'autorisation du propriétaire du terrain.

La période idéale pour le prélèvement court de février à mai. Vous obtiendrez alors de bons plants susceptibles d'être transformés en bonsaïs. C'est aussi la période ou le sol encore humide facilite le déterrage et permet de récupérer une bonne motte de racines.

Vérifiez que le plant n'est pas en train de démarrer. Dans ce cas, il est trop tard.

Règles à respecter pour le prélèvement de plants dans la nature et leur mise en culture :

- Déterrez toujours le plant avec la plus grosse motte possible. Plus elle est importante, meilleures sont les conditions de reprise.

- Si vous devez couper un grand nombre de racines, taillez une quantité équivalente de branches et de feuilles.

- Supprimez les racines pivot si elles gênent. Appliquez un mastic à cicatriser sur toutes les sections des racines.

- Conservez le plus de radicelles possible. Enveloppez la motte dans un sac en toile ou en plastique et nouez-le avec un lien solide. Par précaution supplémentaire, recouvrez la motte de mousse de tourbe ou de papier journal mouillé pour prévenir tout dessèchement.

- Lorsque la terre est très collante et pauvre, retirez-la complètement et plantez l'arbre dans du sable brut.

- Placez le plant dans un récipient à sa taille et installez-le dans un endroit à mi-ombre ou dans une terre bien drainée, toujours à mi-ombre. Les branches vivantes doivent être suffisamment exposées au soleil.

- Trempez complètement la terre et vaporisez les feuilles. Vous pouvez procéder à un apport en vitamine B1 pour réduire le choc de la transplantation. Les jours suivants, contrôlez la terre. Si elle est mouillée, n'arrosez pas, mais vaporisez le feuillage.

- Si vous constatez des traces d'insectes, vaporisez un insecticide aux endroits transformés en *jin* ou *shari*, afin qu'il pénètre bien dans les cavités (voir « Lexique des termes techniques », p. 26).

Lexique des termes techniques

Afin de bien comprendre le monde du bonsaï, vous devez vous familiariser avec certains termes spécifiques couramment employés.

Akadama **:** terre granuleuse et argileuse d'origine volcanique importée du Japon. Ce substrat neutre et drainant se liquéfie en se tassant, c'est pourquoi il faut l'associer à d'autres éléments (sable ou pouzzolane).

Apex : sommet, cime de l'arbre.

Araki **:** bonsaï transmis de génération en génération et souvent issu d'un *yamadori* (mais pas exclusivement). Ce sujet à la beauté exceptionnelle constitue un véritable monument vivant. Au Japon, ces arbres sont sacrés.

Bonsaïka **:** adepte du bonsaï ; le suffixe *-ka* équivaut à « -iste » en français. La traduction littérale de ce mot serait donc « bonsaï-iste ».

Caduc : se dit d'un arbre ou arbuste qui perd ses feuilles en automne (ou à toute autre saison). Cette propriété est souvent attribuée aux feuillus. Quelques conifères en font toutefois partie comme le mélèze et le cyprès chauve, ou encore des arbres comme le ginkgo. Cette caractéristique rend les végétaux plus résistants car elle leur permet d'économiser leurs forces à la mauvaise saison.

Plantation en groupe de cyprès sur dalle de schiste, style Yose-Uye (forêt).

Il est fréquent que les arbres perdent leurs feuilles au cours d'une canicule ou après des coups de soleil, afin d'éviter la déshydratation totale (si le phénomène dure, l'arbre meurt tout de même). Voilà une raison supplémentaire de commencer une collection avec des feuillus. Les conifères sont plus vulnérables car ils conservent leurs aiguilles.

Fongicide : substance conçue pour lutter contre les champignons parasites des végétaux ou limiter leur développement. Le soufre a des propriétés fongicides efficaces contre l'oïdium.

***Jin* :** effet consistant à créer une impression de bois mort sur l'extrémité d'une ou plusieurs branches. Délicate à réaliser, cette figure de style apporte du caractère au bonsaï en imitant les troncs vieillis par les intempéries ou frappés par la foudre. Le bois est lisse, blanc ou gris, et strié. On obtient un *jin* en écorçant une branche à l'aide d'une pince à *jin*.

***Kazari* :** façon d'exposer un bonsaï dans les meilleures conditions afin de susciter une émotion. On cherche la plus belle harmonie entre l'arbre, le pot, la tablette et les plantes d'accompagnement.

Mycorhize : les racines de ces champignons vivent en symbiose avec celles du pin. Cette association permet à l'arbre d'absorber les éléments minéraux de la terre.

***Nebari* :** zone du collet située à la base du tronc, point de départ des racines principales. Cet élément contribue à donner un aspect vieilli à l'arbre.

Pivot : racine principale d'un arbre, de forme conique et descendant profondément dans le sol, afin d'assurer sa stabilité. On doit souvent le couper pour mettre un bonsaï en pot.

Pumice : cette pierre ponce est un substrat volcanique originaire d'Italie. De pH neutre, elle se présente sous forme de grains blanc cassé.

***Sabamiki* :** style de vieillissement qui correspond à un tronc creusé ou fendu rappelant les arbres frappés par la foudre ou ravagés par les intempéries.

***Shari* :** style de vieillissement qui s'obtient en écorçant un tronc, une branche ou une racine apparente pour imiter les troncs abîmés par la foudre ou les intempéries. Contrairement au *jin*, on doit laisser une partie de la branche ou du tronc en vie.

***Suiseki* :** pierre façonnée par l'eau, le vent et le temps, de forme particulière. Les collectionneurs de *suiseki* recherchent les pierres dont la forme ou le graphisme évoque un animal, une figure humaine, un paysage ou une jolie forme abstraite. Cet art japonais de la contemplation des pierres symbolise la stabilité, la longévité et l'immortalité.

***Yamadori* :** arbre prélevé dans la nature. Cette technique difficile requiert une grande connaissance de la biologie végétale, du doigté et beaucoup de persévérance. Enlever un arbre de son biotope implique de lui redonner des conditions de culture les plus proches possible de son environnement.

L'outillage d'un atelier de bonsaï

Pour débuter, il n'est pas nécessaire d'avoir toute la panoplie des outils du *bonsaïka*. Certains outils sont toutefois indispensables.

- Un sécateur pointu aux lames longues et étroites à poignée à ressort (style épinette) permet de couper les petites branches et racines.
- Des ciseaux pointus à grande poignée pour couper petites branches et racines.
- Des ciseaux courts et étroits à petite poignée *(hagari)* pour tailler des petites branches, fruits desséchés ou feuilles.
- Un grand sécateur horticole classique.
- Un émondoir à main pour tailler les grosses branches et racines.
- Une tenaille *kuikiri* de forme spéciale permet de couper une branche sans laisser d'aspérité. La section est concave et cicatrise plus vite. À ne pas utiliser pour les petites branches !
- Une scie arboricole pliable japonaise, pour scier une branche, une racine ou un tronc ne pouvant être coupés avec un autre outil.
- Un couteau à greffer à usages multiples.
- Des pinces coupantes, dans plusieurs formats, pour couper les fils de ligature.
- Une cisaille coupe-boulons pour trancher les très gros fils.
- Des cintreurs pour les troncs et branches ne pouvant être pliés manuellement.
- Des baguettes de bambou pour dégager la terre lors des rempotages.
- Un *kumade*, grattoir en forme de griffe avec une spatule, pour retirer la terre et tasser le sol.

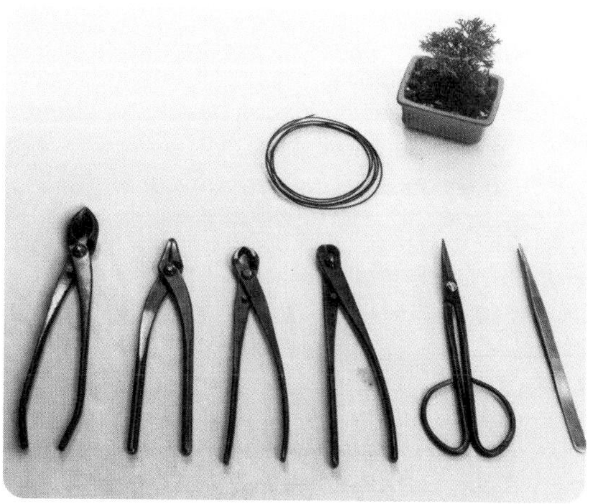

- Une pincette de type précelle pour retirer les insectes, mauvaises herbes, feuilles et aiguilles mortes.
- Une petite balayette pour le nettoyage des pots.
- Un plateau tournant avec arrêtoir pour former ou rempoter les grands bonsaïs.
- Un arrosoir à pomme fine, brumisateur manuel et réserve d'eau.
- Un tamis à mailles de 15, 8, 3 et 2 mm pour trier sable et terre.
- Des gouges, ciseaux à bois et pilons pour sculpter troncs et branches mortes.
- Une perceuse et une micro-perceuse électriques.
- Une boîte à outils à compartiments pour ranger le tout.

Où et comment installer sa collection de bonsaïs ?

Deux facteurs sont importants pour le bien-être des arbres : l'air et la lumière. L'endroit choisi ne doit pas être trop exposé aux vents, mais être néanmoins bien aéré. La lumière doit être suffisante pour la photosynthèse. Si la place dont vous disposez est orientée plein sud, prévoyez une ombrière ou des plantations assurant de l'ombre l'été.

L'AMÉNAGEMENT DE L'ESPACE

Pour concevoir l'espace dédié à vos bonsaïs, utilisez des brise-vent en forme de L ou en U, les seconds vous protégeront aussi de la vue (et parfois du vol). Disposez de solides étagères en bois de cèdre (à défaut, utilisez du douglas), sur au moins deux niveaux. En cas de tempête, fixez les pots aux étagères avec du fil de fer.

Si vous habitez en ville, avec un espace restreint, un balcon aménagé ou un toit plat (supportant du poids, renseignez-vous sur la capacité de la charpente) conviennent. Placez toujours les bonsaïs sur des étagères et jamais à même le sol afin d'éviter l'apparition de limaces et de maladies. Ayez toujours à disposition un pulvérisateur pour humidifier les feuilles.

Prévoyez un plan de travail confortable et accessible pour rempoter, tailler et mettre en forme vos bonsaïs. Vous passerez beaucoup de temps dans cette zone, elle devra donc être proche des étagères. Installez aussi un meuble où ranger les outils.

Enfin, une aire de compostage à proximité sera très utile. Le compost de feuilles est précieux dans les mélanges pour bonsaïs.

LES ÉTAGÈRES À BONSAÏS

Pour supporter les étagères, prévoyez des poutres de section carrée (minimum 9 x 9 cm). D'une manière générale, plus les étagères sont longues et lourdement chargées, plus il faut de poutres de section supérieure et idéalement réparties (une tous les 1,50 m par exemple). Fixez les poutres au sol avec des platines en acier galvanisé, dans des petits socles en béton, puis vissez-les.

Le cèdre constitue un excellent bois pour réaliser des étagères. Il est facilement disponible en scierie. Privilégiez des planches d'au moins 24 mm d'épaisseur afin d'éviter toute déformation. N'utilisez pas de plaques en béton. En effet, celui-ci chauffe lorsque le soleil est très fort, ce qui provoque l'évaporation de l'eau dans les pots. Pour plus de durabilité, vernissez vos étagères avec de l'huile dure pour chalet. Pour empêcher les arbres de tomber des tablettes, ajoutez des bordures en bambou ou en bois. La hauteur des étagères doit être idéalement comprise entre 70 et 80 cm, ce qui permet l'arrosage et l'observation des arbres.

L'ACCÈS À L'EAU

Il doit être facilité, afin que l'arrosage ne devienne pas une corvée. Si vous avez de la place, installez un récupérateur d'eau de pluie dans votre jardin. C'est la meilleure eau d'arrosage.

Vous pouvez par ailleurs intégrer une brumisation ou un arrosage automatique, bien que ce système présente l'inconvénient de n'arroser qu'à un seul endroit des pots. Il se révèle toutefois indispensable si personne ne peut se charger d'arroser vos bonsaïs pendant vos congés.

Pour une bonne croissance des arbres et une culture harmonieuse, voici quelques règles de base :

- Les feuilles des arbres ne doivent pas se toucher pour recevoir suffisamment de lumière.
- Tournez les pots régulièrement pour que le soleil atteigne les arbres de façon uniforme.
- Les étagères et le sol doivent rester propres. Prévoyez une poubelle à compost pour recycler les mauvaises herbes.
- N'installez pas vos étagères directement sur du bitume. Si vous n'avez pas d'autre endroit, placez un feutre géotextile recouvert de gravillons clairs afin d'éviter la trop forte chaleur liée à ce revêtement.
- Pour l'hivernage des pots, il est indispensable de disposer d'une petite serre froide ou un tunnel.
- Si vous manquez d'espace, un ou plusieurs châssis nantais peuvent être utiles (dimensionnez-les en fonction de la hauteur des arbres).
- Vous pouvez concevoir vos étagères sur une structure en tube galvanisé qui pourra accueillir une ombrière ou des panneaux de polycarbonate pour l'hivernage.

Les dimensions des bonsaïs

La taille de votre bonsaï dépend de votre goût personnel, de sa forme et de l'endroit où il est cultivé. Un bonsaï doit être formé afin de mettre en valeur toutes ses qualités : il agrémente votre vie quotidienne et vous devez en prendre soin régulièrement !
La proportion idéale entre la taille d'un bonsaï et la place dont il a besoin se calcule comme suit : un bonsaï de 5 à 7 cm équivaut à la surface d'un tatami de 90 x 180 cm ; un bonsaï de 12 cm de haut correspond donc à deux tatamis ; un bonsaï de 1 m nécessite une surface de 20 tatamis, soit 6 x 5,50 m.

Les bonsaïs sont classés en cinq catégories en fonction de leur taille.

1 – Le grand bonsaï *(ômono bonsaï)* : sa hauteur minimum sans coupe est de 130 cm.

Deux, trois voire quatre personnes sont nécessaires à la manutention de ce bonsaï !

Les bonsaïs de plus de 130 cm sont appelés *hachi-uye*. Ils sont généralement exposés dans une cour ou, temporairement, dans un bâtiment. Il s'agit d'un *niwa-gi*, ou *niwaki*, même s'il est d'une hauteur intérieur à 130 cm.

Un arbre formé, en pleine terre dans un jardin et non dans une coupe, n'est pas considéré comme un bonsaï.

2 – Le bonsaï moyen *(chumono bonsaï)* : il mesure de 45 à 90 cm et peut être aisément déplacé par un homme de force moyenne. Il est donc facile à transporter.

En exposition, cette catégorie fait toujours beaucoup d'effet.

3 – Le bonsaï pour une main *(katate-mochi bonsaï)* : il atteint 20 à 40 cm, selon le style choisi. Cette taille d'arbre pouvant être soulevé d'une main a la préférence des amateurs de bonsaïs.

La forme rupestre ne fait pas partie de cette catégorie.

4 – Le petit bonsaï *(komono bonsaï)* : il mesure de 12 à 18 cm.

La transformation d'un bonsaï si petit, avec les détails nécessaires, en un véritable arbre naturel, présente des difficultés. Préférez des espèces comme l'orme ou le cotoneaster ayant une structure qui se prête à cet exercice.

5 – Les bonsaïs miniatures *(Mame bonsaï)*, ou de poche : ce sont les plus petits. Quatre ou cinq bonsaïs miniatures tiennent aisément dans une main !

Leur entretien est très difficile. Travailler ces arbres miniatures requiert beaucoup d'expérience.

Enfin, il existe une taille microscopique de bonsaï, nommée « taille du grain de coquelicot » *(keshitsubu)*. La graine de ces arbres est semée directement dans des coupes minuscules pour un résultat optimum.

Les principaux styles de bonsaïs (classification japonaise)

Les bonsaïs sont classés selon la forme qui leur est donnée *(jukei)*. Nombreux, ces styles sont fidèles à ce qu'offre la nature. Il est d'ailleurs conseillé de s'inspirer directement des arbres que l'on trouve à l'état sauvage plutôt que de bonsaïs préexistants.

BUJINGI CHOKKAN HAN-KENGAI ISHITSUKI KENGAI MOYOGI NEJIKAN

LES STYLES LES PLUS COURANTS SONT LES SUIVANTS :

BANKAN : TRONC CROCHU. L'ARBRE EST TORTUEUX, IL S'ENROULE SUR LUI-MÊME.

- ***Bunjingi*** : style abstrait ou libre. Le tronc est mince, dépourvu de branches et pousse de travers.
- ***Chokkan*** : tronc droit formel. Ce style classique est répandu dans la nature, notamment lorsque l'arbre reçoit beaucoup de lumière et pousse parfaitement verticalement.
- ***Fukinigashi*** : battu par les vents. Contrairement au *shakan*, les branches et le tronc poussent d'un même côté. Ce style se trouve dans la nature sur des arbres subissant un vent fort continu.
- ***Han-kengai*** : en cascade modérée ou semi-cascade. Ici, le sommet de l'arbre est penché sans dépasser le bord du pot.
- ***Ishitsuki*** : l'arbre est planté dans la roche, celle-ci contenant de la terre.
- ***Kengai*** : en cascade. Il est possible de trouver ce style dans la nature, sur des arbres poussant en bord de falaise par exemple.
- ***Moyogi* (ou *tachi-gi*)** : tronc droit informel. Ce style se retrouve facilement dans la nature : le tronc pousse à la verticale, mais avec quelques courbes.
- ***Nejikan*** : tronc contourné ou enroulé.
- ***Shakan*** : tronc incliné. L'arbre est comme penché par le vent ou cherchant la lumière.
- ***Sokan*** : tronc double. Ce style est courant dans la nature : les deux troncs se scindent au niveau du système racinaire ou l'un pousse sur l'autre.
- ***Yose-ue*** : plantations en groupe. Ce style donne un effet forêt, avec plusieurs arbres plantés ensemble.

SHAKAN SOKAN YOSE-UE

IKADABUKI

KABUDACHI

NEAGARI

NETSUNAGARI

SOJU

MAIS IL EXISTE DE NOMBREUX AUTRES STYLES :

- ***Chu-shakan*** : tronc modérément incliné.
- ***Dai-kengai*** : cascade extrême ou presque verticale.
- ***Dai-shakan*** : tronc très ou extrêmement incliné.
- ***Gaito-kengai*** : cascade sur falaise ou en dôme.
- ***Hoki-zukuri*** : forme en balai.
- ***Hosho-zukuri*** : forme exagérée de *matsu-zukuri.*
- ***Ikaduki*** : en forme de radeau.
- ***Ito-kengai*** : tronc et branches tombant en cascade, en faisceau de cordes.
- ***Kabudachi*** : troncs multiples.
- ***Kasa-zukuri*** : forme parasol.
- ***Kobukan*** : tronc noueux.
- ***Korabuki*** : rejets multiples sur souche ou poussant dans une carapace de tortue.
- ***Matsu-zukuri*** : forme traditionnelle de pin.
- ***Neagari*** : racines remontantes visibles.
- ***Netsunagari*** : forme rampante avec des rejets sur une longue racine de surface.
- ***Rosoku-zukuri*** : forme en flamme de chandelle.
- ***Sabakan*** : tronc creusé ou fendu.
- ***Sakei*** : plantations en groupe avec arbres, rochers, plantes et mousse composant un paysage naturel.
- ***Sharikan*** : écorcé.
- ***Sho-shakan*** : tronc très peu incliné.
- ***Soju*** : troncs jumeaux.
- ***Taka-kengai*** : cascade à troncs triples ou multiples.
- ***Taki-kengai*** : cascade en chute d'eau.
- ***Tako-zukuri*** : en forme de pieuvre.
- ***Tama-zukuri*** : forme en balle ou en œuf.
- ***Yama-yori*** : pousses d'un cône tombé.

Vieux genévrier au tronc incliné, en style Shakan, avec Shari et Jin.

Les soins

Mode d'emploi

Le rempotage

Le rempotage est une étape essentielle à l'entretien d'un bonsaï. Celui-ci peut se retrouver à l'étroit dans son pot d'origine, il est donc important de le rempoter régulièrement. Contrôlez l'arbre chaque année en le retirant avec précaution de son pot. Si les racines sont contenues dans la motte, inutile de le rempoter immédiatement. En revanche, si elles s'enroulent tout autour de la motte, il faut agir.

LE REMPOTAGE, MODE D'EMPLOI

La période idéale se situe généralement au début du printemps, avant le débourrement (ouverture des bourgeons). Chaque rempotage doit être l'occasion de tailler les racines pour encourager la formation de racines plus petites.

Retirez délicatement l'arbre de son pot. Retournez-le et, à l'aide d'une baguette ou d'un croc à racine, démêlez, puis peignez les racines. Cela élimine la plus grande partie de la terre. Arrosez les racines régulièrement pour éviter le dessèchement.

Utilisez ensuite des ciseaux bien aiguisés et propres pour tailler les côtés et le dessous de la motte : il ne doit rester qu'un plateau de racines. Si vous avez taillé de grosses racines, appliquez du mastic à cicatriser.

Enlevez toujours la même proportion de feuillage que de racines.

Pour rempoter votre arbre, utilisez un pot propre et non verni à l'intérieur. Vérifiez également la présence de trous de drainage au fond (attention aux pots bon marché qui ne sont pas percés !). Fixez une petite grille au fond du pot à l'aide d'un fil de fer pour éviter que le substrat ne s'échappe par les trous de drainage. Fixez des liens par ces trous de drainage pour attacher la motte le temps que l'arbre s'enracine à nouveau.

Mettez du substrat dans le fond du pot, puis posez la motte en faisant des mouvements circulaires pour qu'elle soit bien en contact avec la terre.

Étape 1 : Découpez le pain racinaire en portions triangulaires. Attention à laisser des racines moyennes et des radicelles.

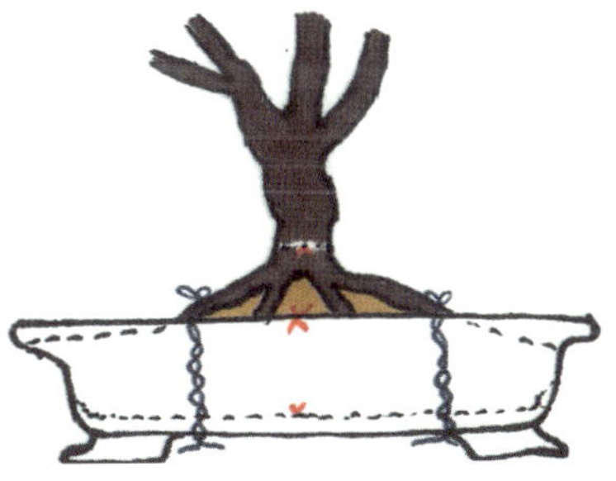

Étape 2 : Remplacez le substrat et fixez le bonsaï avec des fils de fer dans les trous de drainage. Attention, la hauteur du collet au nebari doit correspondre à la profondeur du pot.

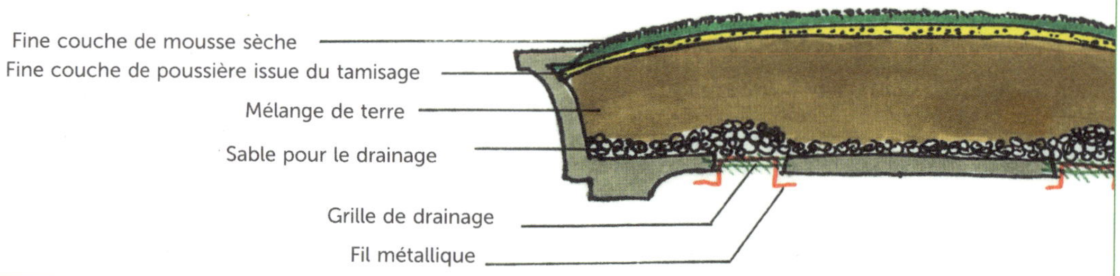

Comment rempoter différentes couches de matériaux.

Fixez les liens autour de la motte, puis ajoutez du substrat autour des racines. Lorsque tous les espaces sont comblés, arrosez copieusement. Attendez quelques semaines avant de fertiliser.

LES SUBSTRATS

Choisir un substrat adapté au bonsaï est important : un bon substrat est celui qui se rapproche le plus du milieu naturel de l'arbre. L'objectif est de reproduire au mieux l'environnement d'origine. La terre sert de support au bonsaï et lui apporte les éléments nutritifs et l'eau nécessaires à sa croissance. Un bon substrat doit être drainant et aéré et avoir un bon pouvoir de rétention d'eau et d'engrais. Il existe différents substrats vendus dans le commerce pour le rempotage.

L'*akadama* ❶ est une terre argileuse d'origine volcanique provenant du Japon. Son inconvénient est qu'il se transforme en bouillie asphyxiante au bout de trois ans. Pour éviter cela, il est conseillé de sécher ce substrat avant de l'employer : stockez-le dans son emballage pendant au moins trois ans avant de l'utiliser (il est donc important d'anticiper). Ce substrat neutre et très drainant modère les variations de pH du sol et favorise le stockage de nourriture apportée par les engrais organiques. Si les proportions sont élevées dans le mélange, n'oubliez pas de fertiliser régulièrement.

Le *kanuma* est une terre acide très légère qui convient aux plantes acidophiles (azalées et rhododendrons). Fragile, utilisez-le en mélange. Il assure un très bon drainage et une bonne rétention d'eau.

❶

❷

Le *kiryu* est un sable de rivière à gros grains. Neutre ou très légèrement acide, il possède une forte action drainante. Il revient cher à l'achat, préférez-lui le sable de Loire.

La pumice ❷ est une pierre ponce originaire des îles Lipari, possédant les mêmes propriétés que la pouzzolane avec un pouvoir de rétention d'eau supérieur. Elle permet aux racines de très bien se ramifier. Non friable, elle constitue une bonne base utile au rempotage.

Les composts, terreaux et écorces de pin ont un bon pouvoir de mycorhization (association entre plantes et champignons), ce qui est utile aux conifères dont les racines ont besoin de cette symbiose.

Tamisez le substrat

Entre les grains de terre, il existe des espaces qui gardent l'eau et l'air par capillarité. Plus le grain est gros, plus les pourcentages d'eau et d'air sont importants et plus les racines se développent. Inversement, si le pourcentage d'air est faible, les racines poussent plus lentement.

En conclusion, si l'arbre est jeune et si vous voulez qu'il pousse, utilisez des gros grains. Au contraire, si le bonsaï est vieux, privilégiez des grains plus fins.

Au rempotage, ajoutez du substrat neuf puisque, avec l'arrosage quotidien, les grains diminuent peu à peu jusqu'à se transformer en poussière. C'est pourquoi il faut placer les grains les plus gros en couche de drainage dans le fond du pot. Cela est important pour éviter une stagnation de l'eau, ce qui détruirait les racines.

Un exemple de mélange spécial pour *shohin* : 1 part de tourbe + 2 parts de sable + 7 parts d'*akadama*, le tout tamisé à 2,5 et 0,5 mm.
Un exemple de mélange pour bonsaï en culture : 3 parts de sable + 7 parts d'*akadama*.
Un exemple de mélange pour bonsaï formé : parts égales d'*akadama* et de sable (6 mm-1 mm).

LES MÉLANGES DE TERRE POUR BONSAÏS

Un mélange de terre pour bonsaïs doit être sain, propre et perméable. Il doit absorber l'eau sans qu'il y ait stagnation et doit être aéré : l'oxygène est vital pour les plantes.
Au début, un bonsaï a besoin d'un mélange de terre qui favorise son développement et sa croissance. Cinq à six ans après la formation, la plante doit changer de terre. Vous pouvez alors prendre de la terre de jardin ou en prélever dans la nature, à un endroit où les arbres en question se développent.

Vous pouvez créer votre propre mélange

Prenez une brouettée de terre de jardin à laquelle vous ajoutez une brouettée de sable et une autre de terreau. Étalez le tout sur une couche de 10 cm et épandez dessus 12 kg d'engrais organique (farine de sang, d'os, de poisson et poudre de corne). Arrosez bien. Stockez la terre sur un sol solide cerné de briques. Laissez reposer le terreau deux à trois mois.

QUELQUES PRÉCAUTIONS :

- Ne réutilisez jamais de vieille terre provenant d'un rempotage car elle n'aura plus de qualités nutritives pour un bonsaï.
- N'utilisez jamais de sable de mer ou d'aquarium.
- N'utilisez pas la poussière résiduelle.
- Tamisez le sable pour obtenir des grains de différentes grosseurs.

- Attention, pour les *yamadori*, leur terre d'origine ne convient pas toujours, car ils ont changé d'environnement. Le sable doit être neutre, sans sel ni produits.

- Le meilleur humus sera obtenu avec des feuilles de chêne. Stérilisez-le à l'eau bouillante. Éliminez les grosses particules au tamis.

CHOISIR LA POTERIE ADAPTÉE

Le pot est un élément essentiel dans la composition d'un bonsaï. Il ne doit toutefois pas être trop visible. C'est l'arbre qui doit attirer le regard. Les différents modèles de poterie correspondent aux styles de bonsaïs.

Voici quelques conseils pour choisir un pot adapté à chaque bonsaï :

- Le pot doit être en grès émaillé cuit à haute température, pour résister au gel. Les pots en terre cuite (de couleur orange) ne résistent pas au gel.

- Le pot doit avoir des trous de drainage et un fond plat pour éviter la stagnation de l'eau.

- L'intérieur du pot ne doit pas être verni pour que les racines puissent s'accrocher.

- Les pots vernis conviennent aux arbres caducs, alors que les pots mats sont adaptés aux conifères et aux arbres persistants.

- La base du pot doit avoir des pieds pour laisser passer l'air et assurer le drainage.

Quelle taille de pot ?

La longueur du pot doit représenter environ deux tiers de la hauteur de l'arbre ou deux tiers de sa largeur si le bonsaï est largement étalé.
La profondeur du pot doit correspondre à peu près au diamètre du tronc à la base. Les pots profonds sont destinés aux bonsaïs ayant un large tronc.
Les plantations sur roche et les petits troncs sont plantés idéalement dans des pots plats.

Quelle couleur de pot ?

- Les pots non vernis bruns ou gris correspondent aux conifères.

- Les arbres feuillus se plantent dans des pots vernis ou mats, de couleur sobre.

- Les arbres à fleurs sont plantés dans des pots de couleur claire (blanc, bleu, crème ou vert).

- Les jeunes plants (pré-bonsaïs) et les jeunes bonsaïs ont besoin de pots profonds car ils poussent vite. On les cultive dans des caisses à poisson en polystyrène ou des caisses en bois construites pour l'occasion, voire dans des mica-pots (pots en matière synthétique, mélange de graphite et de mica).

Attention !

Ne taillez jamais trop sévèrement un bonsaï pour le faire tenir de force dans un pot. Réduisez progressivement la taille des racines sur plusieurs années.

Les poteries japonaises sont de meilleure qualité (et plus chères), même si les pots d'origine chinoise gagnent en qualité.

Quelques appellations d'origine concernant les poteries :

- Les pots de Yokkaïchi sont fabriqués dans la ville du même nom, dans la préfecture de Mie, au Japon, depuis 260 ans. Légers et esthétiques, ces pots sont les plus répandus.
- Les pots de Tokoname proviennent du sud du Japon. Cette ville est réputée pour sa poterie artisanale (grès, céramique et porcelaine) de première qualité. Chaque pièce est estampillée par le sceau du maître potier qui l'a réalisée. Les premières poteries ont été datées de la période Nara (710-794).
- Les pots de Shigaraki sont issus de ce village de potiers situé au pied du mont Shigaraki, dans la préfecture de Shiga, renommé pour ses fours ainsi que pour la qualité et le talent de ses potiers. Les céramiques de Shigaraki apportent de l'originalité à vos bonsaïs.
- Les pots de Yixing sont fabriqués dans la province du Jiangsu, en Chine, où l'argile est très fine et pure, c'est pourquoi plusieurs générations de céramistes s'y sont installées. De cette région proviennent des pots de qualité variable.

EN RÉSUMÉ

Je vous conseille de ne retenir que les poteries haut de gamme. Ces contenants fabriqués en terre brute résistent au gel et sont le fruit d'une longue tradition artisanale.

La fertilisation

Étant planté dans un pot assez petit, un bonsaï a besoin d'être nourri régulièrement pour survivre. Ajoutez de l'engrais pendant toute la période de croissance, du début du printemps jusqu'à la mi-automne. Les trois éléments de base sont l'azote, le phosphore et le potassium. L'azote stimule la croissance des feuilles et des tiges ; le phosphore, celle des racines et le potassium, la croissance des fruits et des fleurs.
Privilégiez des amendements organiques aux engrais chimiques rapides. Ils diffusent en effet des éléments minéraux et des oligoéléments en se décomposant lentement sans risquer de brûler les racines.
Veillez également à alterner les apports d'engrais solides, sous forme de boulettes à diffusion lente, et ceux d'engrais liquide en pulvérisation sur la motte (jamais sur motte sèche).

RECETTE D'ENGRAIS ORGANIQUE EN FORME DE BOULETTES

Mélangez 2 parts de tourteaux de soja à 1 part de farine de sang ou d'os. Ajoutez de l'eau jusqu'à obtenir une pâte ni trop sèche ni trop humide. Formez des boulettes de la taille d'une balle de ping-pong (entre 3 et 5 cm). Posez-les sur la motte, loin du tronc et pas sur les racines.

Cet engrais se conserve dans une boîte hermétique pendant deux mois en prenant soin d'y incorporer de l'insecticide en granulés.

Le guano, les amendements organiques de type solabiol, les tourteaux de ricin et le bochevo en mélange dilué dans le substrat sont de bons moyens d'enrichir le milieu de culture.

RECETTE D'ENGRAIS LIQUIDE D'AUTOMNE

La période de septembre à décembre est la meilleure pour augmenter la vitalité des arbres, avant la reprise du printemps. Pour cela, il est important de donner de l'engrais à cette saison.

Après l'arrosage du soir, profitez de l'humidité de la terre pour donner de l'engrais liquide. Facile d'emploi, cet amendement ne salit pas le pot.

Pour les conifères, on utilise uniquement de la farine d'oléagineux (soja après extraction d'huile).

Pour les arbres fruitiers, on recourt à un mélange de 50 % de farine de résidus d'oléagineux, 30 % de farine d'os et 20 % de farine de poisson. Placez ce mélange dans un bidon, ajoutez dix fois ce volume d'eau et mélangez bien avec un bâton. Fermez en positionnant un plastique sous le couvercle. Quand le mélange a fermenté, utilisez uniquement le liquide de la partie supérieure du bidon. Mélangez 1 part de liquide à 10 parts d'eau en pulvérisation.

Vous pouvez par ailleurs ajouter de l'*akadama* au mélange de terre pour bonsaïs. Neutre, elle permet de drainer et d'aérer le mélange pour éviter la pourriture des racines.

RECETTE DE TERREAU DE FEUILLES

Les feuilles mortes sont précieuses, car on peut en extraire un excellent compost.

Les meilleures feuilles à composter sont celles du chêne et du hêtre. Ramassez-les quand elles sont humides (mais pas gorgées d'eau). Stockez-les dans un silo composé de grillage galvanisé fixé par des fers à béton. Aérez régulièrement et arrosez le tas pour ne pas qu'il se dessèche. Alternez tous les 20 cm des couches d'apport de matière azotée (tonte de gazon, fientes de poules, adventices non montées en graine). Au bout de six mois, aérez en incorporant à nouveau de la matière azotée.

Ce compost est prêt à l'emploi à partir d'un an et reste optimum après deux ans. Les décomposeurs, collemboles, cloportes et autres vers, auront transformé les feuilles en compost qui, en mélange, est très profitable aux bonsaïs.

La taille

L'automne est la meilleure période pour tailler les bonsaïs, juste après la chute des feuilles, ou encore au printemps, juste avant le débourrage des bourgeons. Dans ces deux cas, les arbres sont dénudés, ce qui permet de mieux voir les branches à tailler.

Pendant la période de croissance, effeuillez ou taillez uniquement les branches trop longues.

La plupart du temps, les arbres sont plus vigoureux à l'apex (au sommet) et à l'extrémité des branches hautes. À l'inverse, les branches basses et intérieures sont plus faibles. En observant la grosseur des bourgeons en fin d'hiver, on se rend compte de la force des futures branches.

Afin d'équilibrer le flux de sève entre les branches, il est primordial de couper les plus vigoureuses et de laisser les plus faibles.

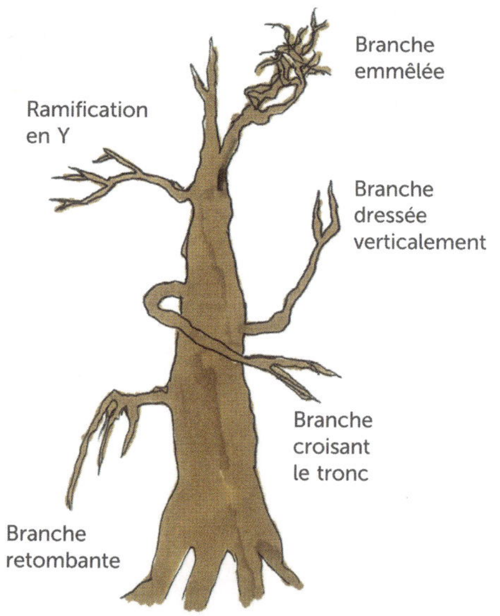

Branches ayant des défauts esthétiques.

Chez les essences à feuilles caduques, les branches doivent s'écarter à chaque tronçon de la ramification, en formant un V. En observant la croissance des arbres, vous constaterez que chez les ormes et les hêtres, les pousses sont alternes, alors que chez les érables, elles sont opposées.

Il est plus simple de tailler les arbres à pousses opposées.

QUAND TAILLER LES ARBRES EN CULTURE ?

En culture, certaines branches nous semblent disgracieuses, mais nous devons les laisser jouer leur rôle de tire-sève, pour faire grossir le tronc par exemple. Tant que ces branches sont fines il n'y a pas urgence à les supprimer ; en outre, elles peuvent remplacer des branches mortes.

Comment déterminer quelles branches couper ?
Parmi les branches inutiles figurent les trop grosses et laides, qui nuisent à l'harmonie de l'arbre, celles qui poussent à l'opposé l'une de l'autre, ou à l'opposé du mouvement de l'arbre, celles qui croissent verticalement ou vers le haut, celles qui se croisent, qui sont trop longues, parallèles, etc.

Quand un arbre a suffisamment de bonnes branches, supprimez les branches dites « mauvaises » sans hésiter. Au contraire, s'il manque de bonnes branches, utilisez les mauvaises en les ligaturant avec du fil métallique.

Dans un souci esthétique, notez que plus les branches sont basses, plus il faut ménager d'espace entre elles.

MODE D'EMPLOI

Diriger la croissance de l'arbre

Il est important de contrôler la force et la direction des bourgeons pour connaître la vigueur et le sens des nouvelles pousses.
Coupez la branche au-dessus d'un bourgeon de direction et de force satisfaisante.
Observez le sens des bourgeons et coupez les branches de façon à ce que les nouvelles pousses ne se croisent pas.
Coupez les extrémités fortes du bonsaï en laissant des bourgeons faibles, et laissez les bourgeons les plus robustes sur ces zones faibles.
Conservez de préférence les bourgeons horizontaux.
Quand les branches s'ouvrent en éventail, coupez les bourgeons qui se dirigent vers le haut et le bas, et gardez ceux qui se dirigent à droite et à gauche.
Les pousses verticales vers le haut sont souvent trop fortes, éclaircissez donc les branches denses.
Taillez le bout des branches et l'apex en conservant les branches s'ouvrant en V. Si l'apex est trop gros, remplacez-le par une branche inférieure.
Laissez 5 mm au bout des branches pour conserver des bourgeons.

Taille des *Acer palmatum*

Lorsque les nouvelles pousses comptent de trois à cinq paires de feuilles, laissez-en deux.

Les vieux arbres doivent être taillés dès que les feuilles s'ouvrent, pour conserver la forme générale du bonsaï. Les arbres suffisamment forts peuvent être défoliés en été, ce qui donne des feuilles plus petites et une fine ramification. Il est par ailleurs possible de pincer à la fin de l'été.

Protégez toujours les blessures à l'aide d'une pâte cicatrisante pour les protéger des micro-organismes ou des insectes et pour garder un taux minimum d'humidité, nécessaire à la cicatrisation.

Taille des branches

Plus les branches sont taillées court, plus les rejets sont denses. Par exemple, sur un arbre poussant droit, coupez davantage les branches supérieures que les basses. La cime des espèces naines et rampantes se développe lentement.

Taille des racines

Pour qu'un bonsaï soit plus dense et plus compact, rabattez sévèrement toutes les grosses racines : cela provoque le développement des radicelles.

Si un côté du bonsaï manque de racines, pratiquez une incision au couteau dans le tronc et recouvrez de sable. Des racines se formeront après quelques semaines.

Taille des racines d'un bonsaï orme de Chine avant rempotage.

Taille des branches d'un orme de Chine avec un coupe-bourgeon.

Taille des rameaux, pousses et bourgeons

Pour affiner la silhouette d'un bonsaï, taillez régulièrement pousses et rameaux et enlevez des bourgeons.

Taille des feuilles (effeuillage)

Elle se fait sur des arbres à feuilles caduques et sur les persistants à larges feuilles. Ne le faites jamais sur des conifères ni sur des arbres portant des fleurs, des fruits ou des baies.

La méthode consiste à enlever toutes les feuilles, ce qui provoque une repousse de feuilles plus petites. Le nouveau feuillage a ainsi de belles couleurs automnales et a plus de petits rameaux. Vous évitez par ailleurs un choc en cas de rempotage en période de croissance.

La taille des feuilles favorise aussi la croissance de l'année suivante.

QUELQUES PRÉCAUTIONS :

- Taillez les feuilles de juin à début août.
- Taillez les feuilles uniquement sur des arbres sains.
- Ne laissez aucune feuille sur l'arbre.
- Sur les feuillus aux pétioles courts (orme), les feuilles peuvent être retirées à la main.
- Conservez l'arbre dans un endroit ombragé, jusqu'à la repousse (environ un mois).
- N'apportez pas d'engrais avant ou après la taille.
- N'arrosez pas trop, les pertes en eau sont moins importantes sans feuilles.

Taille des aiguilles et feuilles de conifères (pins, podocarpus)

N'ayez recours à cette technique que sur de jeunes arbres et des sujets pas encore formés. Lorsque les aiguilles sont longues, réduisez à 2 cm environ. Vous facilitez ainsi le ligaturage, la taille et la mise en forme. La longueur des futures feuilles sera réduite. Les petits rameaux à l'intérieur de l'arbre recevront plus de soleil, ce qui provoquera de nouvelles pousses.

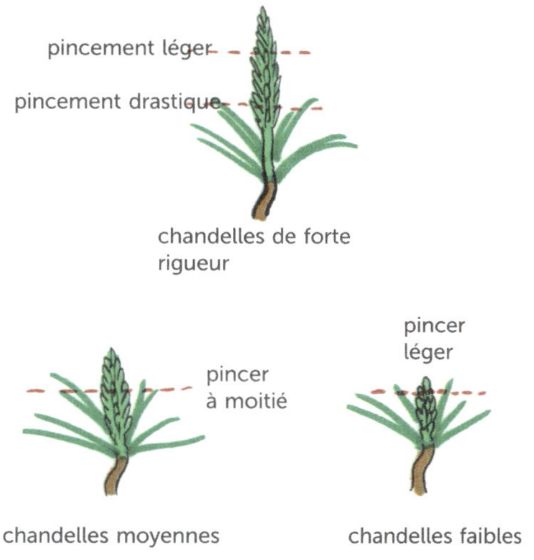

Taille des aiguilles : pincement des chandelles au mois d'avril sur les pins.

QUELQUES PRÉCAUTIONS :

- Cette technique peut être utilisée toute l'année, sauf si les feuilles ou les aiguilles sont trop tendres.
- Vaporisez tous les jours les arbres taillés pour éviter le brunissement des pointes. Les parties coupées tomberont après brunissement.
- Après un ou deux ans, les aiguilles taillées finiront par tomber.
- Les genévriers, cyprès et arbres à écailles doivent être pincés. Vous pouvez, si les feuilles sont trop longues, tailler et éclaircir.
- Les arbres à courtes aiguilles (épicéas, sapins, ifs et cèdres) ne doivent pas être taillés.
- Pincez les aiguilles des pins en veillant à conserver les jeunes.

Le ligaturage

Cette technique permet de plier certaines branches et même de jeunes troncs afin de conduire l'arbre pour qu'il adopte le style souhaité. Cela demande de la précision et il faut savoir être ferme et délicat à la fois. Si vous dépassez un certain seuil de résistance du bois, la branche peut casser ! C'est pourquoi on utilise des fils métalliques pour assurer une courbure et conserver la branche dans la position voulue.
Pour les arbres possédant une écorce fragile, protégez la zone à ligaturer avec plusieurs couches de raphia humide avant de placer les fils.
Cela est valable pour les érables, les hêtres, les serissas, les ormes du Japon, etc.

LES FILS

Les fils métalliques sont de préférence en cuivre. Après emploi, ils peuvent être chauffés pour être réutilisés. Vous trouverez aussi du fil d'aluminium, gainé ou non de cuivre.

Il existe plusieurs calibres de fils correspondant aux grosseurs des branches (de 1 à 7). Pour trouver la taille de fil adaptée, prenez un fil d'environ un tiers du diamètre de la branche ou du tronc. Mesurez la longueur de l'arbre, de la branche ou du tronc et comptez un tiers de longueur de fil en plus, avant de couper.

COMMENT LIGATURER ?

Commencez toujours par le tronc, puis occupez-vous des branches principales et enfin des branches secondaires.

On ligature systématiquement vers l'avant, en se tenant devant la branche. Cela évite de ligaturer des feuilles et des rameaux en plus de la branche.

Dans le cas d'un tronc, commencez par l'arrière après avoir enfoncé de 4 à 5 cm le fil dans la terre pour le fixer. Traitez la base du tronc, les branches, puis la cime.

Les torsades doivent avoir un angle de 45° sans être trop serrées, ni espacées, ni trop lâches (la branche peut casser). Ligaturez toujours dans le même sens, soit vers la gauche, soit vers la droite, sans jamais croiser les fils.

Prenez soin de ne pas ligaturer les rameaux, feuilles, aiguilles, ni d'autres branches ensemble. Ne commencez pas à ligaturer une branche par le bas, au risque de la casser.

Étape 1 : Employez du raphia en rembourrage puis attachez-le. Ainsi vous éviterez le craquèlement ou la fracture de la branche.

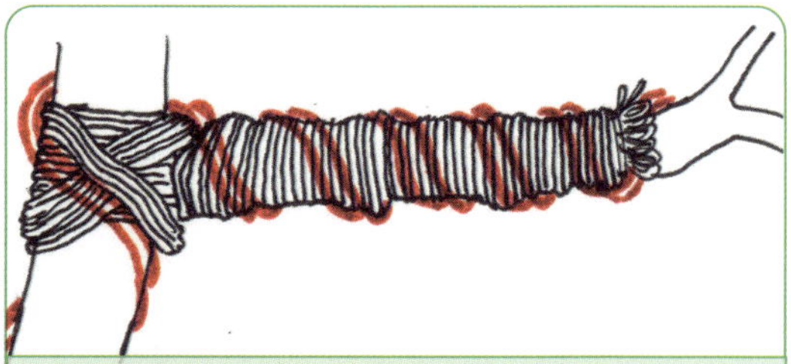

Étape 2 : Attachez du rembourrage en raphia autour de la branche et du tronc. Pour les branches moyennes, doublez le fil de ligature. Pour les grosses branches, ajoutez une barre métallique flexible en cuivre ou aluminium.

Pour plier une grosse branche ou un tronc, procédez comme suit :

- Faites tremper dans l'eau du raphia naturel pendant une heure.
- Placez un rembourrage de raphia humide autour de la branche ou du tronc en l'attachant tout du long.
- Employez plusieurs longueurs de fil métallique de gros calibre.
- Attachez-les au tronc ou à la branche avec un autre fil.

Si le tronc ou la branche sont de grosse section, aidez-vous d'un tube ou d'une barre métallique. Pliez ensuite avec précaution afin d'obtenir la courbe souhaitée.

À QUELLE PÉRIODE PEUT-ON LIGATURER ?

Les conifères doivent être ligaturés pendant la période de croissance. Si vous intervenez en été, l'écorce peut s'abîmer, ce qui mettrait l'arbre en danger.

Les feuillus se forment au début du printemps, avant la période de pousse, ou à l'automne, avant la période de repos.

Avant un ligaturage important, n'arrosez pas pendant deux ou trois jours pour assouplir les tissus.

Ne rempotez pas et ne transplantez pas avant un ligaturage.

COMMENT PLIER UNE BRANCHE ?

Pour ligaturer convenablement la branche, pliez à l'endroit où le fil entoure la branche en appuyant par-dessous avec les pouces. Puis, en tenant fermement la branche, pliez-la avec précaution et fermement dans la direction souhaitée. Si vous maintenez vos pouces en dessous, la branche ne devrait pas casser.

Ligature d'un bonsaï de pin noir avec du fil de fer.

Ne pliez jamais une branche dans le sens inverse de sa courbure naturelle.

QUELQUES PRÉCAUTIONS :

- Si l'arbre vient d'un climat différent, laissez-le s'acclimater avant de le ligaturer.
- Après ligaturage, placez le bonsaï à l'abri du vent et du soleil pendant quelques jours.
- Attendez deux semaines avant d'apporter de l'engrais.
- Arrosez copieusement et vaporisez l'arbre après le ligaturage.

Séparation d'une branche cassée : parer la blessure avec une pince concave pour enlever proprement les éclats et aider à la cicatrisation.

LA RÉPARATION DE BRANCHES CASSÉES OU FRACTURÉES

Une branche cassée doit être réparée avec du mastic à cicatriser. Entourez ensuite la fracture de raphia.

LE RETRAIT DES FILS MÉTALLIQUES

Le fil doit rester en place entre six mois et un an. Surveillez attentivement la croissance de l'arbre, et retirez le fil avant qu'il n'entaille l'écorce.

Si le fil est incrusté dans l'écorce, enlevez-le délicatement et soignez la partie concernée avec du mastic à cicatriser.

Utilisez une pince coupe-fil pour le retrait des fils ainsi que pour le ligaturage. Les pinces coupantes sont à proscrire car elles peuvent blesser l'arbre.

Les techniques de multiplication : semis, bouturage, greffage…

Il existe différentes techniques de propagation des bonsaïs. La méthode la plus simple pour débuter reste le bouturage. Le semis peut être utilisé pour les arbres difficilement bouturables (conifères). Le greffage est très technique et nécessite de l'expérience.

LE BOUTURAGE

La période idéale de prélèvement est au printemps ou en automne (à la Sainte-Catherine).

Pour vous faire la main, optez pour les arbres les plus simples à bouturer : fusain du Japon, saules, *Lonicera nitida.*

Mode d'emploi

- Choisissez une branche d'un arbre existant pour y tailler des tronçons de 5 cm. Écartez le rameau d'une dizaine de centimètres en tirant vers le bas d'un coup sec, puis coupez la base au sécateur. Enduisez la coupe de mastic à cicatriser.

- Plantez la bouture dans une caisse contenant du sable en la laissant dépasser de 1,5 cm. Pour augmenter les chances de succès et éviter les attaques de champignons pathogènes, ajoutez une pincée de charbon de bois au fond du trou (pour filtre d'aquarium de petit calibre – 5 mm).

- Arrosez généreusement. Placez la caisse à mi-ombre en maintenant le sable humide, mais sans excès. Les boutures poussent en quelques semaines.

Méthode par genre

Le cognassier du Japon *(Chaenomeles)*
Il se bouture facilement de juin à juillet. L'adjonction d'hormones de bouturage facilite la reprise.
Il est possible de bouturer des racines de novembre à janvier.
Maintenez la culture à l'intérieur car un minimum de 16 °C est nécessaire à l'enracinement.

Le fusain du Japon *(Euonymus)* 1
Plantez les boutures suffisamment aoûtées (c'est-à-dire avec du bois sur les rameaux) en caissettes en août et installez-les en serre. Maintenez-les au frais.
Les racines se forment en peu de temps et les caissettes peuvent alors être sorties hors de la serre.

1

Placez-les en coffre profond sous serre en hiver et, au printemps, mettez ces boutures en pot pour les petits sujets ou en pleine terre pour obtenir de gros troncs.

Le figuier *(Ficus carica)*
Cet arbre très vigoureux forme un gros tronc rapidement, ce qui est intéressant lorsque l'on débute.
Il nécessite par ailleurs d'être taillé très souvent, ce qui permet de s'entraîner.
Plantez les boutures en juillet-août, dans un châssis de multiplication.
Laisser figer le latex au niveau de la coupure pendant quelques minutes augmente le taux de réussite (attendez que la plaie ne coule plus).

Le troène *(Ligustrum)*
Cet arbuste à feuilles caduques ou semi-persistantes produit des fleurs blanches du printemps au milieu de l'été. Le bouturage est aisé : le taux de réussite frôle les 100 %.
Procédez à des boutures herbacées (c'est-à-dire avec des rameaux tendres) de juin à juillet. Placez en coffre dans un mélange de tourbe et de sable.

2

Au printemps suivant, les boutures sont à mettre en pot pour les petits bonsaïs, ou à repiquer en pleine terre pour faire grossir le tronc. Attention, cet arbuste pousse vite : pensez à former la conicité du tronc en laissant une branche tire-sève au sommet et en supprimant les branches inutiles selon le style recherché.
Boutures de bois sec en mars, septembre et octobre.
Plantez directement en pleine terre en sol léger. L'enracinement est rapide.
Cependant, cela oblige à les hiverner à l'abri, il est donc plus simple de bouturer au printemps.

Le loropetalum de Chine
(Loropetalum chinense) 2
Ce bel arbuste à floraison hivernale (février-mars) possède de charmantes fleurs blanches, roses ou rouges, légèrement parfumées.
Son port souple et ses branches couvertes de fleurs en font un beau sujet pour créer un bonsaï.
Le bouturage se fait à partir d'un rameau semi-aoûté, d'une quinzaine de centimètres de long, pendant l'été.

LE SEMIS

Cultiver un bonsaï depuis une graine demande de la patience, puisqu'il faut attendre au moins trois ans avant de procéder à la première taille. Récupérez des graines sur les arbres alentour ou achetez-les dans le commerce. Selon les espèces, on sème en automne ou au printemps. Chez *Ulmus parvifolia*, orme de Chine très intéressant formé en bonsaï, la floraison tardive en septembre-octobre implique un semis immédiatement après récolte.

On peut aussi conserver les graines au sec et les stratifier quelques semaines au printemps. Pour stratifier des graines à froid (c'est-à-dire lever la dormance et favoriser la germination), il existe deux méthodes :

- placez les graines dans une terrine remplie de sable à l'extérieur, afin que les graines germent au printemps ;

- stockez les graines dans un mélange de tourbe et de sable dans le bac à légumes du réfrigérateur et semez au printemps.

Si vous achetez des graines et que celles-ci sont trop sèches avant le semis, ramollissez-les pendant quelques jours dans de l'eau froide, séchez-les légèrement et semez-les aussitôt.

Chez *Pinus cembra*, le pin cembro, les gros pignons doivent être stratifiés puis semés au printemps. Les graines peuvent toutefois rester inactives pendant un ou deux ans avant de se décider à germer !

Mode d'emploi

- Utilisez un mélange de tourbe blonde, perlite, *akadama*, charbon de bois (petit calibre pour filtre d'aquarium) et sable de rivière. Placez ce mélange dans des terrines ou des caisses à poisson.

- Semez vos graines en les recouvrant à peine de sable de rivière et plombez avec une petite planche en bois.

- Arrosez à l'eau de pluie.

Afin d'éviter la fonte des semis, pulvérisez de la décoction d'ail : environ 100 g d'ail pour 1 l d'eau. Laissez infuser 24 heures. Filtrez et utilisez pur en pulvérisation pendant les six premières semaines de culture après germination. Arrosez ensuite sans excès afin de maintenir le substrat humide.

En cas de difficultés dans la gestion de l'arrosage, il existe dans le commerce des sondes hygrométriques électroniques (parfois connectées à une application sur téléphone mobile). À défaut, contrôlez en enfonçant légèrement un doigt dans le substrat et vérifiez que celui-ci reste frais.

Quand les plants sont suffisamment forts pour être transplantés (au bout de deux ans), supprimez la racine pivot et placez une pierre plate sous les racines pour une bonne répartition de celles-ci.

Les pins, érables et chênes sont intéressants à semer, mais nécessitent une très grande patience. Ces plants constitueront en effet des bonsaïs pour les générations futures !

LE MARCOTTAGE AÉRIEN

Le marcottage aérien consiste à prélever une branche qui a le potentiel de devenir un beau tronc, si elle est tordue et de fort diamètre par exemple. Cette méthode très ancienne donne des résultats rapides.

En procédant au printemps après les gelées, on peut raisonnablement espérer obtenir suffisamment de racines en automne pour couper la branche.

Mode d'emploi

- Découpez un anneau d'écorce sous un bourgeon. Au centre de cette zone, placez un anneau de fil à ligature en le serrant bien, afin de stopper le flux de sève descendante.

- Fixez un sac en plastique sous le bourgeon. Mettez des hormones de bouturage (auxine) sur le bois écorcé, recouvrez le tout de mousse humide et refermez le sac en attachant solidement. Vérifiez régulièrement que la mousse reste humide. Attendez que des racines se forment (cela prend plusieurs mois) pour couper sous le bourgeon.
- Mettez en pot.

LE GREFFAGE

La greffe sert soit à multiplier des variétés horticoles impossibles à produire à partir de semis ou de bouture, soit à marier deux propriétés du greffon et du porte-greffe (par exemple ramification compacte et petites aiguilles).

Le greffage en fente, mode d'emploi

Il doit se pratiquer à la sortie de l'hiver, quand le porte-greffe commence à ouvrir ses bourgeons.

Les diamètres de section du greffon et du porte-greffe doivent être identiques.

- Fendez le porte-greffe à l'aide d'un greffoir stérilisé à la flamme d'un briquet (afin d'éviter les maladies).

- Taillez le bout du greffon en biseau.
- Glissez le greffon dans le porte-greffe en faisant correspondre les cambiums.
- Enduisez de mastic pour protéger la greffe et la rendre étanche.
- Liez avec du ruban à greffe auto-fixant de type buddy-tape.
- Protégez le plant greffé avec un bocal ou un sac en plastique.

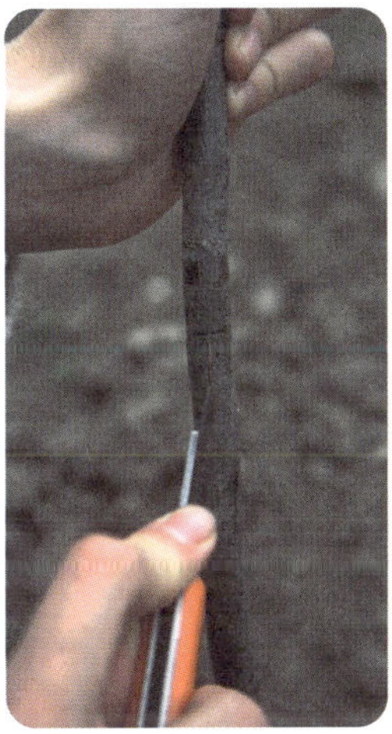

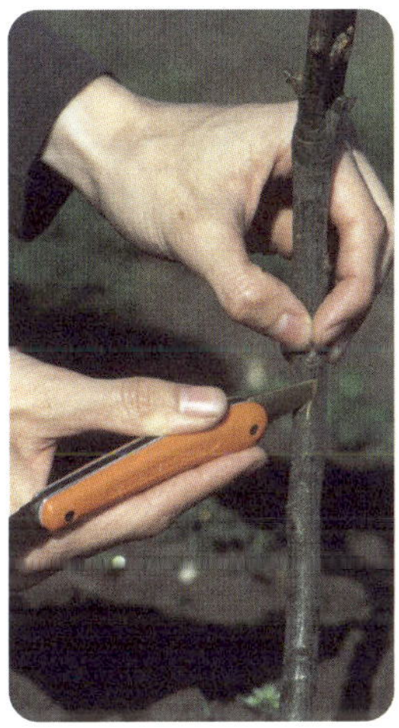

Le greffage en écusson, mode d'emploi

Cette technique permet, par exemple, de remplacer une branche manquante ou cassée afin d'équilibrer l'harmonie de l'arbre. Juillet est la période la plus favorable à cette technique car la sève est alors très active.

- Glissez un œil (bourgeon taillé) entre le cambium et le bois.
- Liez tout autour avec du ruban à greffer et du mastic.

La greffe devrait prendre en un mois environ.

Les maladies et les indésirables

Les maladies des bonsaïs proviennent de différents facteurs : infestation de parasites, maladie cryptogamique, mauvaises conditions de culture...

Les maladies et les insectes phytophages n'arrivent jamais par hasard ! Ils sont attirés par une plante en déséquilibre, carencée, stressée ou inadaptée au climat. Il s'agit souvent d'un oubli ou d'une erreur concernant la culture, ou simplement d'une mauvaise connaissance des besoins de l'arbre. Une trop forte exposition aux rayons solaires, aux vents froids en hiver, un excès d'arrosage, un manque d'eau par forte chaleur, ou encore une carence en nutriments dans le substrat... peuvent ainsi ruiner des années de travail !

Des feuilles molles et pendantes, qui parfois commencent à se décolorer, sont des signaux que vous envoie votre arbre ! Celui-ci crie : « À boire, s'il te plaît ! »

L'insecte ou la maladie surviennent pour supprimer l'arbre inadapté ou vivant dans des conditions contraires aux lois de la nature.

Quelques mesures à prendre afin d'éviter ce genre de problèmes

- Tenez un agenda où recenser les soins à apporter au fil des mois en fonction des genres et des espèces d'arbres.
- Désinfectez toujours à la flamme la lame des outils, surtout si vous soignez plusieurs arbres avec le même ustensile !
- Fertilisez au bon moment, mais pas trop.
- Arrosez avec une eau d'excellente qualité (pluie filtrée et dynamisée) en ayant la main légère pour ne pas tasser le substrat dans le pot.
- Nettoyez régulièrement la zone d'exposition. Ne laissez ni feuilles mortes ni vieux fruits sur les tablettes.

Si votre bonsaï est malade :

- Isolez-le pour éviter de contaminer d'autres arbres.
- Retirez quotidiennement les organes malades ainsi que les fleurs fanées.
- Aérez la ramure en pratiquant une légère taille d'élagage.

Avant d'acheter votre bonsaï

Soyez vigilant lors de vos achats, même auprès de professionnels renommés. En effet, nul n'est à l'abri d'un problème lorsqu'il s'agit de végétaux.

Là encore, des précautions s'imposent. Personnellement, en pépinière, j'ôte toujours le plant de son pot pour vérifier les points suivants :

- Le système radiculaire : celui-ci ne doit pas comporter de chignons (amalgames de racines en spirale). Cela signifie que le plant a séjourné plus d'un an en culture sans bénéficier de rempotage ou encore que le jeune plant a été mal rempoté (tassement des racines et du substrat).

- La présence de pucerons des racines ou, pire, de larves d'otiorhynques (coléoptères très présents en horticulture et dans les jardins, causant des dégâts sur les feuilles et les racines).

S'il s'agit d'arbres d'importation, le professionnel doit vous fournir le certificat (passeport) phytosanitaire lorsque la loi l'impose.

- La présence de billes d'engrais à libération lente (type osmocote). Dans ce cas, il faut progressivement renouveler le substrat car ces engrais chimiques ne sont adaptés qu'au travail en pépinière.

Avant d'acheter, il est également judicieux de demander à l'artisan comment sont cultivés ses arbres et dans quelles conditions. Bien souvent, si vous avez affaire à un passionné, il sera ravi de vous montrer sa production et parfois des trésors cachés, disponibles à la vente mais hors catalogue !

Les traitements préventifs

Enfin, si vous voulez traiter, demandez-vous déjà si cela est utile ! Un arbre mourant ne sera pas ramené à la vie avec un traitement (sauf exception).

En revanche, il est judicieux d'appliquer des traitements préventifs, en fonction des conditions météorologiques, mais surtout de votre intuition et de votre expérience. Par exemple : la fertilisation foliaire pour éviter des carences ; l'oxychlorure de cuivre en dilution pour éviter les attaques de champignons pathogènes par temps orageux (conjonction de chaleur et d'humidité)...

Utilisez des traitements naturels, en respectant les doses d'application.

On trouve souvent sur le terrain comme dans la littérature une promotion du bacille de Thuringe *(Bacillus thuringiensis)* : cet insecticide à base de bactérie est utilisé en lutte directe. Ce traitement n'étant pas sélectif, son action a donc des conséquences directes sur la biosphère. Par exemple, tous les papillons entrant en contact avec ce produit mourront ! Personnellement, je préfère la lutte intégrée, qui favorise les insectes auxiliaires qui combattent l'envahisseur.

Parmi les conséquences du bouleversement climatique, l'homme importe de plus en plus d'espèces invasives (comme le frelon asiatique) ; s'ajoutent à cela des vagues de migration « naturelle » de ces insectes. C'est pourquoi, de plus en plus de ravageurs et maladies, pour lesquels nous n'avons pas de remèdes à opposer, nous compliquent la vie ! Si les traitements naturels appliqués au moment opportun constituent de bons outils, dans certaines situations, ils ne sont pas toujours suffisants...

Les maladies et les insectes phytophages

Un ouvrage entier pourrait être dédié aux maladies et aux insectes par genre ou espèce. Nous nous contentons ici d'exposer les problèmes couramment rencontrés sur les bonsaïs (pour aller plus loin, reportez-vous à la bibliographie, p. 127).

LES MALADIES

L'anthracnose (1) : cette maladie causée par le champignon *Gnomonia quercina*, abondant quand le temps est humide, provoque des taches de taille variable, parfois rondes, foncées – souvent rouges et claires au centre.
Remède : retirez les parties malades.
En cas d'attaques répétées, pulvérisez en préventif de l'oxychlorure de cuivre en dilution à 5 g/l, en début et en fin d'hiver.

Le chancre (2) : cette maladie cryptogamique est provoquée, entre autres, par le champignon *Cylindrocarpon radicicola*. Ce dernier pénètre sous l'écorce et provoque l'arrêt du flux de sève. La couleur de l'écorce se modifie, les feuilles sèchent et tombent, des bourrelets volumineux et des granulations rougeâtres apparaissent sur le tronc et/ou les branches.
Prévention : le chancre est favorisé par l'humidité du sol. Agissez en amont en assurant un bon drainage du fond des poteries. Ce champignon se développe au niveau des plaies lors des tailles. Enduisez les coupes de mastic et évitez les blessures.

Remède : il n'existe aucun moyen de lutte directe, si ce n'est retirer les parties malades.

En revanche, sur le chancre des arbres fruitiers, il existe des solutions : creusez à la gouge (ou au ciseau à bois), puis parez la blessure au greffoir et au scalpel. Une fois la blessure soignée, pulvérisez une infusion d'extrait pur de capucine et de rumex (500 g de chaque plante dans 5 l d'eau). Appliquez un cataplasme de racine de rumex directement sur la blessure. Certains ajoutent de la terre argileuse.

▸ **La chlorose** ❸ **:** elle résulte d'une carence en fer ou en calcium, qui provoque un jaunissement et une chute des feuilles. Elle commence toujours par s'attaquer aux feuilles les plus jeunes. Attention, ces symptômes sont également ceux d'un manque de lumière ou d'un excès d'arrosage.
Remède : fertilisez en conséquence avec du chélate de fer (liquide du commerce) ou du calcium assimilable (sous forme colloïdale). Donnez du « thé de compost » ou des EM en arrosant.

▸ **La cloque du pêcher** ❹ **:** elle est causée par le champignon microscopique *Taphrina deformans* qui s'attaque aussi aux amandiers. Elle est favorisée par des hivers doux et humides suivis de printemps frais et pluvieux, mais aussi par des carences en oligoéléments (zinc et bore). Les feuilles présentent des boursouflures et tombent, avant que les rameaux et les branches se déforment.
Prévention : pulvérisez de l'extrait fermenté d'ortie fraîche en dilution (100 g/l) ou sèche à 10 g/l.
Remède : pulvérisez de l'oxychlorure de cuivre (5 g/l) en janvier-février, au début du gonflement des bourgeons, et quinze jours plus tard, au stade des premières feuilles. En curatif, employez de la décoction d'ail ou de prêle.

▸ **Le feu bactérien** ❺ **:** cette maladie est causée par la bactérie *Erwinia amilovora*, qui atteint spécifiquement les arbres et arbustes du groupe des pomoïdées (poirier, pommier, cognassier, pyracantha, aubépine…). Les feuilles et les rameaux noircissent comme s'ils étaient brûlés. S'ensuivent un dessèchement des branches et la mort de l'arbre.
Remède : ôtez les parties atteintes dès l'apparition des symptômes. Malheureusement, vous serez peut-être amené à incinérer l'arbre entier afin d'éviter toute contamination.
Il existe des remèdes encore méconnus. Dans *Les Soins naturels aux arbres*, chez Terran Éditions, Éric Petiot décrit une méthode utilisant des perfusions d'infusion de chélidoine et de thym commun, ainsi qu'une méthode plus simple de pulvérisation foliaire.

4

5

6

7

8

La fusariose 6 : cette maladie provoquée par des champignons est favorisée par des automnes humides et doux. Les champignons pénètrent dans la plante par les racines ou les bulbes. Les symptômes sont une pourriture molle et nauséabonde des bulbes, le jaunissement et le flétrissement des feuilles, ainsi que la formation de chancre sur les rameaux.
Prévention : évitez l'humidité excessive du sol.

Remède : détruisez les parties atteintes. La feuille sèche de giroflier en infusion est efficace.

La fumagine 7 : des champignons noirs se développent sur les excréments de pucerons, cochenilles, psylles, etc. Cette maladie est fréquente sur les houx, fusains, camélias et arbres fruitiers. Les feuilles jaunissent, puis brunissent sur la pointe avant de tomber.
Prévention : pulvérisez de l'extrait d'ortie fermenté en foliaire à 1/50.

Remède : après avoir nettoyé et traité au savon noir, appliquez une infusion d'origan : 250 g de fleurs et feuilles sèches pour 10 l d'eau diluée à 1/20 (10 l pour 200 l d'eau par hectare).

Le mildiou 8 : cette maladie cryptogamique se développe par temps humide : l'hygrométrie élevée, la chaleur et les sols imperméables favorisent son développement. Les feuilles se couvrent de taches blanches d'aspect huileux.
Prévention : évitez l'humidité excessive.

Remède : utilisez en pulvérisation de l'extrait fermenté de bardane à raison de 1 kg/10 l, dilué à 20 %. Effectuez trois traitements à dix jours d'intervalle.

La moniliose 9 : cette maladie touchant les arbres fruitiers est due au champignon *Monilia*. Elle entraîne un dessèchement des bouquets floraux et des chancres sur les rameaux.
Remède : préparez une infusion de feuilles de navet (feuilles adultes et racines) à 80 °C et pulvérisez. Diluez à 1/20. Effectuez un traitement par mois.

L'oïdium 10 : comme le mildiou, cette maladie cryptogamique n'est pas reconnue par le végétal, qui ne peut donc pas s'en défendre. Favorisée par l'humidité et les écarts de température importants, elle apparaît généralement au printemps. Ce champignon blanc se développe sur les feuilles et les branches.

Remède : retirez les parties contaminées. Mettez les racines à tremper pendant 24 heures. Préparez une décoction de racines d'ortie pendant 30 minutes à eau frémissante (100 g/l) et pulvérisez-la sur la plante malade. Vous pouvez l'employer pure après avoir appliqué la même quantité d'extrait fermenté de feuilles de sureau noir (1 kg/10 l, dilué à 10 %). Cette recette à la fois préventive et curative donne des résultats spectaculaires.

▸ **Le pourridié** ⓫ **:** cette maladie provoquée par le champignon armillaire *Armillaria mellea* se caractérise par des taches blanches et des filets noirs à la base du tronc et sur les racines. L'arbre meurt après avoir dépéri. Le champignon pénètre dans les racines ou le collet. Les racines prennent alors une couleur brune et on décèle des filaments blancs et des cordons noirâtres au niveau du collet.
Prévention : évitez l'humidité excessive.

Remède : épandez sur le substrat des denrées riches en amidon (luzerne déshydratée, fécule, farine...), bénéfiques aux *Trichoderma*, des champignons antagonistes de l'armillaire naturellement présents dans le sol. Les amendements calcaires sont également défavorables à l'armillaire. Cependant, bien souvent, votre arbre sera condamné !

▸ **La rouille** ⓬**:** causée par divers champignons (selon les espèces attaquées), cette maladie apparaît généralement au printemps ou au début de l'été. Elle provoque des taches et des pustules de couleur rouille sur les branches et les feuilles. Ces dernières sèchent et tombent.
Remède : taillez les parties atteintes et brûlez les. Pulvérisez de l'oxychlorure de cuivre.

13

14

La tumeur du collet *(crown-gall)* 13 : cette galle est causée par une bactérie véhiculée par les insectes, l'eau ou les outils. Cette maladie pénètre dans le végétal par des blessures et provoque des tumeurs à la base du tronc et au niveau des racines.
Remède : lutter contre cette maladie est difficile. Extrayez les tumeurs à la gouge ou à la perceuse munie d'une fraise à bois, et appliquez un fongicide naturel (ail, sarriette des montagnes).

La verticillose 14 : cette maladie vasculaire causée par des champignons du genre *Verticillium* provoque un jaunissement et un flétrissement des feuilles.
Prévention : procédez à un désherbage quotidien (morelle, ortie et séneçon portent les germes).

Remède : taillez sévèrement les parties infestées. Appliquez une décoction de prêle ou un éliciteur.

La pourriture des racines : généralement causée par un excès d'eau, cette maladie affaiblit l'arbre, causant le jaunissement et la chute des feuilles. Les racines sont gorgées d'eau.
Remède : si cela est détecté à temps, désinfectez avec un fongicide naturel (extrait d'ail ou de fougère aigle).

LES ANIMAUX PHYTOPHAGES OU RAVAGEURS

Les acariens 1 : vulgairement appelés araignées rouges (ou jaunes), ces arthropodes de quelques millimètres attaquent les feuilles. On peut secouer les branches au-dessus d'une page blanche pour les observer.
Si vous trouvez de petits fils de soie au revers des feuilles et que celles-ci sont piquées de multiples trous microscopiques, il s'agit de tétranyque tisserand.
Remède : utilisez une décoction d'ail (70 g/l d'eau à diluer à 30 %), traitez trois fois à trois jours d'intervalle.

1

2

Les buprestes ❷: ces coléoptères noirs ou gris endommagent l'écorce, les feuilles et les branches. La larve s'attaque au collet de l'arbre, provoquant sa mort.
Remède : introduisez un insecticide à base de pyrèthre naturel dans les galeries, puis bouchez avec du mastic. Attention, cette manœuvre est assez délicate à exécuter.

Les capricornes ❸: ces coléoptères à grandes antennes creusent des galeries dans le bois.
Remède : coupez les branches attaquées et traitez avec un répulsif (lavande, rue), car ces insectes sont pour la plupart protégés et menacés d'extinction.

Les charançons ❹: ces coléoptères reconnaissables à leur long bec s'attaquent aux feuilles et aux racines, ralentissant la croissance de l'arbre.
Remède : nettoyez les zones atteintes. Pulvérisez un insecticide végétal (absinthe) et un répulsif à base de fougère aigle en extrait fermenté.

Les chenilles ❺: il en existe de nombreux genres : mineuses, bombyx, tordeuses, géomètres, carpocapses. Elles se nourrissent principalement de feuilles.
Prévention : la surveillance quotidienne du revers des feuilles évite leur présence car il suffit d'enlever les œufs pour ne pas avoir à traiter. Vous pouvez également attirer des guêpes parasitoïdes qui pondent dans les chenilles avec des hôtels à insectes. Installez des nichoirs à mésanges, qui sont les meilleurs auxiliaires contre les chenilles.

Remède : contre les chenilles défoliatrices, appliquez une macération de rhubarbe (500 g de feuilles sans les tiges dans 3 l d'eau) et attendez 24 heures. Employez-la pure. Faites trois traitements en trois jours. Adjoignez un mouillant à base de terpène de menthe pour que la préparation accroche.

▸ **Les cochenilles** ⑥ : ces insectes s'accrochent aux branches, sucent la sève et provoquent le développement de fumagine.

Remède : on s'en débarrasse difficilement. Sur les arbres résistants, enlevez les nuisibles à la main avec un coton imbibé d'alcool à brûler. Procédez à un traitement d'hiver à base d'huile de paraffine. Optez pour une pulvérisation foliaire à base d'infusion de pérovskia, pyrèthre et ortie.

▸ **Les escargots** ⑦ : ils sont facilement détectables car ils se réfugient toujours sous les poteries à l'ombre et dans les branches. Ils sont friands des feuilles.

Remède : épandez des granulés à base de ferramol et favorisez l'installation des grives, hérissons et vers luisants.

▸ **Les galéruques** ⑧ : ces larves jaune et noir de 1 cm de long se nourrissent des feuilles des arbres.

Remède : pulvérisez un insecticide d'origine naturelle (rue).

▸ **Les nématodes et les anguillules** ⑨ : ces minuscules vers translucides vivant dans la terre s'attaquent aux racines. Les feuilles jaunissent et tombent. Trop d'arrosage et de chaleur sur le pot favorise leur prolifération.

Remède : arrosez avec un mélange d'huile essentielle de baume du Pérou (*Myroxylon balsamum* var. *pereirae*) et de poudre d'argile blanche au pied des arbres.

- **Les pucerons** (10) : ils vivent en grandes colonies, se nourrissent de la sève et véhiculent des virus pouvant déformer les branches (entre autres).

Remède : faites-les tomber en pulvérisant une solution de savon noir. Si le problème persiste, employez une infusion d'absinthe (sur pucerons verts ou noirs) à la dose de 100 g/l diluée à 20 %. Si l'infestation continue, appliquez un traitement à l'ail.
Pour les pucerons verts, noirs, lanigères et cendrés : appliquez une macération de rhubarbe (500 g de feuilles, sans les tiges, dans 3 l). Patientez 24 heures et faites trois traitements en trois jours.
Pour les pucerons lanigères (tenaces) : utilisez un extrait fermenté de lierre en décoction pure (100 g/l) ou une macération huileuse de piment à pulvériser (protégez vos yeux et votre peau).

- **Les scolytes** (11) : ces insectes noirs creusent des galeries à l'intérieur des branches.

Remède : coupez toutes les branches infestées et pulvérisez une infusion de menthe poivrée, de sauge officinale ou de tanaisie.

- **Les tigres** (12) :ces petites punaises vivent sous les feuilles qu'elles font jaunir et tomber.

Remède : pratiquez la lutte biologique à l'aide de chrysopes.

10

11

12

EN RÉSUMÉ

Les bonsaïs étant en équilibre perpétuel entre vie et trépas, ils se font agresser de toutes parts si on les fragilise. Ne traitez jamais par grand vent, au soleil et lors de gelées. Anticipez en utilisant de simples décoctions et infusions. Ne mélangez jamais plusieurs substances actives (effet cocktail). Enfin, avant d'investir dans un superbe et coûteux sujet d'importation souvent âgé (encore plus fragile), réfléchissez : si vous devez user de traitements chimiques nocifs pour la biosphère, le jeu n'en vaut pas la chandelle !

Le calendrier des soins

Un bonsaï n'est pas seulement une curiosité !
Il ressemble beaucoup à un animal de compagnie auquel
il faut consacrer chaque jour de l'attention.
Voici mois par mois les soins à apporter à vos spécimens.

À noter

Selon le climat et le pays où vous habitez et en fonction des conditions météorologiques, ces données peuvent être décalées d'un mois.

Janvier

La saison hivernale nécessite presque autant d'entretien que la période de culture.

Emplacement

En cas de fortes gelées, protégez vos bonsaïs ou rentrez les pots dans une pièce lumineuse et hors gel, mais pas dans la maison car il y fait trop chaud. Retirez les protections quand les températures remontent.

Arrosage

Janvier étant froid et pluvieux, les bonsaïs n'ont pas besoin d'être arrosés chaque jour.

Dans les régions froides, mettez-les toujours à l'abri du gel (en tunnel, sous serre froide ou en jardin d'hiver).

En zone tropicale, bassinez le feuillage tous les jours, qu'il soit sec ou non.

Fumure

Ne faites pas d'apport d'engrais en janvier. C'est cependant le bon moment pour alléger la terre avec des éléments drainants et organiques, afin de neutraliser les sols alcalins.

Insecticides

Feuillus et conifères peuvent être traités contre les parasites hibernants avec un aérosol ne contenant pas d'huile.

Formation

À cette période, les arbres à feuillage caduc sont dénudés. C'est donc le moment idéal pour reprendre leur formation.

En revanche, celle-ci ne doit pas être trop sévère, car les branches sont très cassantes. Veillez à ce que les fils ne serrent pas trop les rameaux.

Rempotage

Ne rempotez pas avant que les signes de repousse soient visibles.

Greffage

C'est la période idéale pour greffer les pins et autres conifères.

Divers

Préparez des mélanges de terre en prévision.

Ne laissez pas les plantes au chaud ou au soleil trop longtemps pour éviter tout démarrage, surtout dans une serre froide.

Les plantes tropicales doivent être mises à l'abri en serre ou dans une cave claire, hors gel.

Les bonsaïs sont en dormance et peuvent être rentrés brièvement dans la maison. Ne les placez toutefois jamais à proximité d'un poêle ou d'un radiateur. Positionnez-les près d'une fenêtre afin qu'ils reçoivent le plus de lumière possible.

Février

Les conditions climatiques sont proches de celles de janvier, vous pouvez donc appliquer les mêmes consignes d'entretien.
Cependant, les derniers jours du mois sont parfois très chauds. Ce redoux peut réveiller (parfois rapidement) certains bonsaïs et il faut alors prendre les mesures suivantes.

Emplacement

Si un arbre à feuillage caduc bourgeonne ou veut fleurir, retirez-le de l'ombre et placez-le progressivement au soleil. Sans cela, les pousses deviennent trop longues et trop minces, donnant au bonsaï une allure chétive et peu naturelle. Les fleurs seraient également pâles et maladives.

Arrosage

Intervenez avec parcimonie et de préférence le matin.

Fumure

Ne faites pas d'apport d'engrais à cette période.

Cependant, vous pouvez rééquilibrer le pH de la terre en utilisant une solution d'acide oxalique à 0,1 % toutes les deux semaines si la terre est trop alcaline.

Si la terre est trop acide, apportez de la cendre de bois ou de la chaux pour l'adoucir.

Insecticides

Les premières chaleurs de l'année coïncident avec l'apparition des pucerons. Soyez vigilant et prêt à vaporiser du savon noir et des extraits végétaux en cas de besoin.

En préventif, une vaporisation d'insecticide et fongicide (compatible avec l'agriculture biologique) est nécessaire, juste avant le débourrement.

Taille

Taillez les arbres portant des fruits. Même si vous souhaitez attendre la floraison, retenez cette règle qui fonctionne : plus on taille tôt, meilleurs et plus sains sont les fruits !

Bouturage

Commencez à couper des boutures.

Greffage

Commencez à greffer les feuillus.

Les pins et autres conifères peuvent encore être greffés ce mois-ci, mais c'est la dernière limite.

Mars

La majorité des bonsaïs débutent leur période de croissance en mars. Veillez à leur apporter plus de soins et d'attention qu'en période de dormance. Il peut y avoir de grands écarts de températures ce mois-ci, soyez vigilant.

Emplacement

Remettez à l'extérieur tous les bonsaïs placés à l'abri. Ils bénéficient ainsi de plus de lumière. C'est notamment le cas des feuillus qui n'ont pas encore produit de nouvelles pousses.

Placez les bonsaïs à mi-ombre jusqu'au durcissement des pousses, car les nouvelles pousses trop fragiles peuvent être brûlées lors de journées trop ensoleillées. En revanche, ne les laissez pas trop longtemps à l'ombre car les pousses deviendraient trop longues et fines.

Distancez les bonsaïs sur les étagères, ils doivent pousser librement sans que leurs branches ne se touchent.

Arrosage

Portez une attention soutenue aux feuillus. La plupart vont pousser très vite, ce qui, combiné à un temps chaud, va assécher beaucoup plus rapidement que d'ordinaire l'humidité de la terre. Durant ces premières semaines, contrôlez la croissance des bonsaïs en arrosant avec retenue. Attention, cette méthode est malgré tout risquée sans connaître parfaitement chaque bonsaï.

Laissez sécher l'arbre, juste assez pour que les tiges des nouvelles pousses commencent à faner. Mettez ensuite le bonsaï dans un endroit ombragé et n'arrosez pas le sol. Le soir, vaporisez superficiellement le feuillage. Le lendemain, arrosez normalement.

Attention, un excès d'arrosage en mars peut provoquer la mort des branches et des rameaux en été.

Taille

Les arbres à fleurs et à fruits fleurissent. Lorsque 80 % des bourgeons sont éclos, retirez les fleurs fanées et les bourgeons restants, le but étant d'empêcher l'arbre de consacrer trop d'énergie à la floraison.

Procédez de la même manière avec les arbres fruitiers en ne conservant que quelques fleurs, afin qu'elles donnent naissance à des fruits décoratifs.

Les baies peuvent être conservées.

Les longues pousses qui compromettent l'esthétique du bonsaï doivent être rabattues jusqu'à deux ou trois bourgeons vigoureux. Attention, s'ils sont taillés trop tôt, ils peuvent dépérir.

Fumure

Il est trop tôt pour utiliser les engrais azotés.

Si les précipitations des mois précédents ont été faibles, la terre des pots est probablement très alcaline, à cause de la trop grande quantité d'eau du robinet utilisée. Neutralisez cet excès par de l'acide oxalique. Ce produit est conseillé pour les érables, le ginkgo, le chêne, l'orme et le sumac. Cela donnera des couleurs magnifiques à leur feuillage d'automne.

Un sol alcalin peut décolorer les feuilles de ces arbres. Si la pluie a rendu le sol plus acide, utilisez de la cendre de bois ou de la chaux pour l'adoucir.

Rempotage

La période de mars à juin est la plus favorable à cette opération. Il existe des différences entre deux sujets d'une même espèce. On peut se fier à la règle d'or suivante : mieux vaut rempoter plus tard que plus tôt, applicable aux arbres à feuillage caduc, aux pins, genévriers et cyprès. Il est plus prudent d'attendre un peu avant de perturber les racines des cèdres, sapins, épicéas, pins hemlock, mélèzes, ifs et podocarpes.

Si changer de coupe répond souvent à des préoccupations esthétiques, le changement de terre répond à un besoin important pour la santé des arbres.

Les feuillus à croissance rapide doivent être rempotés tous les ans. Ceux qui poussent très vite, comme les tamaris ou les saules, peuvent être rempotés deux fois par an, au printemps et à la fin de l'été.

Les conifères et les persistants à croissance plus lente ne sont rempotés qu'au bout de 3 à 5 ans.

Cependant, c'est l'état d'un bonsaï qui conditionne son rempotage : un arbre sain et vigoureux n'a pas besoin d'être perturbé par un rempotage. Au contraire, cela pourrait provoquer des pousses modifiant la forme recherchée ; une croissance stimulée par de la nouvelle terre peut faire apparaître des racines trop longues ou des feuilles trop larges, ou encore un tronc peut perdre son caractère vieilli. En conclusion, le changement de terre dépend de l'état de santé de l'arbre.

Bouturage

Il est encore possible pour les grands rameaux des abricotiers, des grenadiers et des saules.

Greffage

C'est la période optimale pour les feuillus.

Genévrier *Juniperus squamata* 'blue star' au tronc crochu et contourné. Bonsaï appartenant à 3 styles : Bankan-Nejikan, tronc obtenu selon le style Sabamiki (tronc creusé et fendu).

Cyprès à tronc droit, style Chokkan.

Avril

On applique les mêmes consignes qu'en mars, sauf que la croissance est plus avancée.

Emplacement

Presque tous les bonsaïs ont maintenant de nouvelles pousses.

Placez-les dans un endroit ensoleillé et aéré et tournez-les régulièrement afin que chaque côté reçoive une quantité suffisante de lumière. Dans le cas contraire, les arbres ont un développement unilatéral et déséquilibré.

Arrosage

Procédez comme en mars.

Cependant, méfiez-vous d'un soleil trop chaud accompagné d'un vent desséchant. Arrosez alors davantage. Les petites averses ne suffisent pas.

Les pins dont la croissance est terminée doivent être gardés au sec jusqu'à ce que les ramules se fanent. Les aiguilles des pins restent ainsi petites et vigoureuses.

Fumure

C'est le premier mois où l'on peut mettre de l'engrais. Ne donnez pas d'engrais trop azotés (farine de sang) aux bonsaïs fruitiers. Apportez plutôt de la farine d'os qui évite aux fruits et aux baies de tomber.

Donnez des superphosphates.

Insecticides

Dès que les jeunes pousses arrivent, surveillez les pucerons et autres parasites.

N'utilisez surtout pas d'insecticide trop concentré, cela peut causer plus de dégâts que les insectes eux-mêmes !

Taille

Rabattez les longues pousses des jeunes feuillus, jusqu'à 2 à 3 bourgeons.

Chez les feuillus plus âgés, laissez-les jusqu'à ce que leur croissance soit achevée et qu'elles soient durcies : plus longtemps on les laisse sur l'arbre, plus elles le renforcent. Il vaut mieux ne pas les enlever avant la prochaine période de dormance.

Les nouvelles ramules des vieux pins doivent être pincées en avril, mais laissez celles des jeunes pins et des sujets âgés vigoureux pendant encore un mois.

La forte croissance de cette période favorise la guérison rapide des bonsaïs déficients.

Vous pouvez écorcer une grosse branche pour en faire un jin.

Rempotage

Procédez comme en mars.

Si vous rempotez un pin, gardez un peu de mycorhize (champignon vivant sur les racines du pin). Mélangez-le à la nouvelle terre et placez-le au fond de la coupe. Les mycorhizes vont ainsi reconstruire un réseau au niveau des racines.

Greffage

Avril est le meilleur mois pour greffer les *prunus* et tout autre feuillu démarrant à la fin du printemps.

Mai

Les gelées diminuent en milieu de mois. C'est aussi la période des premiers coups de chaud. Surveillez de près les écarts de températures. Investissez dans une petite station météo. Cela vous facilitera la tâche.
En fonction des températures, ouvrez ou fermez les abris et les châssis. Ne sortez pas les espèces frileuses trop tôt. Acclimatez en douceur les plantes en les installant dans une pièce hors gel lumineuse et en les sortant progressivement par temps plus chaud.

Emplacement

Assurez une exposition alternée des plantes au fur et à mesure que la chaleur s'installe. Surveillez les arbres à feuilles tendres comme l'érable, le hêtre rouge, le bouleau, l'orme et le liquidambar. Trop de soleil dessèche et fait brunir les branches.

Les jours de grande chaleur, mettez les arbres dans un endroit ombragé, mais pas trop car trop d'ombre provoque une pousse faible et trop fine. Seule l'expérience vous aidera à trouver le bon compromis !

Arrosage

Par temps chaud, arrosez davantage. Il est indispensable d'apprécier exactement la quantité d'eau exigée par un bonsaï adulte. Arrosez suffisamment, pas plus ! Un arrosage trop copieux stimulerait la croissance et nuirait au style de l'arbre.

Contrôlez les racines qui peuvent ressortir par les orifices de drainage et entraîner une stagnation de l'eau.

Fumure

En mai, donnez de l'engrais aux feuillus à croissance rapide, sauf s'ils ont leur forme idéale. Dans le cas contraire, ne fertilisez qu'une fois et alternez les engrais (farine d'os et farine de sang). Les persistants et les conifères n'ont besoin que d'un seul amendement.

Insecticides

Utilisez un insecticide léger si nécessaire (extrait de plantes).

Si le mildiou apparaît, combattez-le avec du soufre ou tout autre fongicide.

Grenadier (*Punica granatum*) à tronc contourné ou enroulé, style Nejikan.

Taille

Elle est presque identique à avril.

Les nouvelles pousses des feuillus adultes cessent leur croissance. Elles peuvent être taillées pour conserver la silhouette de l'arbre. Laissez deux ou trois yeux et retirez le reste de la pousse. Conservez une ramure de densité égale, un peu plus aérée vers la cime.

Pour obtenir une croissance plus dense, ébourgeonnez les pins et les genévriers. Employez des pincettes ou vos doigts pour enlever les nouvelles pousses à l'endroit où elles se ramifient. N'employez pas de ciseaux, qui feraient brunir les extrémités.

Fin mai, retirez les ramules des pins jeunes et adultes si leur croissance est encore vive. Commencez par le bas de l'arbre, car il a tendance à pousser plus lentement et à s'affaiblir. Gardez la cime pour l'instant ; coupée, elle croîtrait trop vite.

Ligaturage

Vérifiez que les fils ne s'incrustent pas dans l'arbre.

Rempotage

Il est trop tard pour rempoter les feuillus à croissance précoce (pommiers et abricotiers). En revanche, c'est le bon moment pour les tardifs (grenadiers, cotoneasters ou pyracanthas). Même chose pour les conifères si la région est froide.

Divers

Le mois prochain sera encore plus chaud, préparez vos bonsaïs à affronter la chaleur (ombrière).

Juin

Désormais, les bonsaïs sains ont toutes leurs feuilles et les nouvelles pousses sont consolidées.

Emplacement

Exposez vos arbres sur tous les côtés au soleil. Comme il peut faire très chaud, placez-les alternativement du plein soleil à la mi-ombre tous les dix ou quinze jours.

Quelques bords de feuilles peuvent brunir, mais cela en vaut la peine si on veut un bonsaï en bonne santé !

Arrosage

Les règles générales s'appliquent, sauf lorsqu'une température plus élevée nécessite un arrosage plus important. Lorsqu'il fait très sec, arrosez tout ce qui se trouve à proximité du bonsaï : les tablettes, le sol, les murs, les arbres, etc.

Employez une pomme fine pour bassiner les feuilles de l'arbre et les environs. Tout ce qui peut augmenter l'humidité est utile, tout séchera vite, et l'excès d'eau ne provoquera aucun dégât.

Fumure

Donnez de l'engrais à tous les arbres à croissance rapide, sauf à ceux qui portent des fruits, des fleurs ou des baies.

Limitez les quantités pour les conifères.

Insecticides

Surveillez l'état de vos arbres, en particulier les jours où il fait le plus chaud, car les parasites peuvent se développer très vite.

Taille et ébourgeonnement

Taillez les feuilles pour inciter les arbres à se ramifier.

Pincez les bourgeons, dans le but de maîtriser la direction des futures branches.

Formation

Les nouvelles pousses des feuillus ont grandi, mais verticalement. On peut désormais les orienter horizontalement.

Ne les pliez pas vers le bas, ne ligaturez pas non plus les jeunes pousses tendres.

Rempotage

C'est le moment idéal pour rempoter, en particulier les pins et les azalées.

Juillet

Préservez vos bonsaïs de la canicule, qui peut causer des dégâts considérables.

Emplacement

Continuez à alterner emplacements ombragés et ensoleillés.

Vous pouvez maintenir les coupes au frais à l'intérieur, et en arrosant davantage. Beaucoup d'humidité évite le risque de brûlure des feuilles.

Couvrez éventuellement la terre de sphaigne ou de journaux mouillés. Cela constitue une protection efficace contre une vague de chaleur.

Rassemblez votre collection dans un endroit qui facilite son entretien.

Arrosage

Ne vaporisez jamais la couronne pendant la période chaude de midi. Arrosez tôt le matin ou en fin d'après-midi. Ne le faites jamais en fin de soirée car les feuilles n'ont pas le temps de sécher avant le matin, ce qui augmente le risque de mildiou.

Fumure

Alternez les types d'engrais (farine de sang ou de poisson).

Traitements

Contrôlez surtout les bonsaïs à écorce rugueuse.

Il peut y avoir des scolytes, des cochenilles, des pucerons lanigères ou des araignées rouges. Recherchez les cicatrices sur le tronc et les signes de maladie.

Taille

Il est encore temps de tailler les feuilles. Après, il sera trop tard. Retirez les fleurs fanées des bonsaïs à fleurs, ainsi que quelques bourgeons à fleurs. Si vous ne le faites pas, vous affaiblirez l'arbre en le laissant fleurir jusqu'au dernier bourgeon. Réservez-lui de la vigueur pour l'année prochaine.

Concernant un bonsaï fruitier, gardez assez de fleurs pour qu'il lui reste un à cinq fruits la saison venue. Leur nombre dépend de la grosseur de l'arbre.

Les fruits ne doivent pas pousser sur une branche. Sachez que chaque fruit réduit les forces du bonsaï.

Rempotage

Quelle que soit l'espèce, il est risqué de rempoter un arbre en juillet. Seuls les arbres à croissance très rapide, tels que les saules et les tamaris, peuvent être rempotés, ainsi que les arbres malades.

Greffage

C'est le moment pour les greffes en écusson.

Divers

En pleine période de croissance, vous pouvez tenter un marcottage simple ou aérien.

Août

Les soins dépendent de la température ainsi que de la croissance, qui décline ou s'arrête totalement.

Emplacement

Continuez de tourner les plantes sur leurs étagères afin qu'elles reçoivent une quantité égale de lumière. Le soleil du matin est plus bénéfique que celui de l'après-midi.

Arrosage

Continuez d'arroser régulièrement. Le bassinage par le haut est toujours préférable.

Si la surface de la coupe reste mouillée malgré une chaude journée, il y a un problème de drainage. Cherchez-en les causes.

Si vous partez en vacances, trouvez une personne de confiance pour assurer l'arrosage. Les arrosages automatiques ne sont pas fiables, ils ont tendance à trop mouiller. Par ailleurs, chaque plante a des besoins spécifiques.

Fumure

Mettez autant d'engrais que d'habitude.

Insecticides

Vérifiez la présence d'acariens. Si nécessaire, vaporisez un extrait de plantes répulsives (absinthe, ail, fougère).

Taille

La croissance étant achevée, soyez prudent si vous devez tailler sévèrement.

Pour les bonsaïs à fleurs, retirez les boutons à fleurs de l'année suivante.

Ligaturage

Ligaturez et pliez les petites branches.

Rempotage

Ne rempotez pas en août.

Septembre

L'automne commence mais les températures peuvent encore être très élevées et même parfois plus qu'en été. Il faut en tenir compte pour l'entretien de vos arbres.

Emplacement

Respectez les mêmes règles que pour les mois de juillet et d'août.

Si un bonsaï au feuillage tendre subit des brûlures et perd prématurément ses feuilles, mettez-le dans un endroit plus frais et le plus à l'ombre possible. Cela empêche un redémarrage tout en préparant la période de dormance.

Arrosage

La période de croissance s'achevant, les bonsaïs n'ont plus besoin d'autant d'eau. Attention à ne pas trop arroser. Trouvez un compromis entre le besoin minimum en eau et la perte due à l'évapotranspiration par temps chaud.

Fumure

Apportez moitié moins d'engrais pour les jeunes bonsaïs s'ils sont encore en période de croissance.

Insecticides

Vérifiez la présence d'insectes (pucerons). En cas d'invasion, gérez la population avec une solution de savon noir en pulvérisation.

Taille

Ne taillez que légèrement les longues pousses d'un jeune bonsaï, une fois qu'elles sont durcies.

Rempotage

Vers la mi-septembre, les conifères et la plupart des feuillus peuvent subir un simple rempotage, sans taille sévère des racines.

Si le temps est encore à des températures élevées, mieux vaut attendre octobre.

Les arbres à croissance rapide (tamaris et saule) peuvent être rempotés pour la seconde fois de l'année.

Divers

C'est la période pour prélever des plants dans la nature et les transplanter, à condition que la zone où vous les avez trouvés soit suffisamment humide. Sinon, il leur manquera de bonnes racines nécessaires à leur croissance.

Octobre

L'automne est similaire au printemps pour la durée des jours et la température, appliquez donc les mêmes règles. Commencez à préparer les arbres pour l'hiver.

Emplacement

Un retour de la chaleur peut provoquer un redémarrage des feuillus qui perdaient leurs feuilles. Pour éviter cela, placez-les dans un endroit frais et ombragé.

Attention aux températures anormalement chaudes ou froides pour la saison.

Protégez les arbres semi-tropicaux en les mettant à l'abri pendant la nuit.

Arrosage

Procédez presque comme en septembre, sauf qu'il faut diminuer la quantité d'eau au fur et à mesure que la période de croissance ralentit ou s'arrête.

Fumure

Mettez juste assez d'engrais pendant la période de repos. L'arbre doit rester en hibernation et sa croissance ne doit pas être stimulée.

Insecticides

Vérifiez la présence d'escargots et de limaces sous les pots et étagères. En cas de prolifération, placez des petits tas de granulés de ferramol sous un pot de fleur retourné, la pluie fera fondre les granulés.

Châssis nantais pour l'hivernage, intérieur doublé en polystyrène expansé.

Taille

Réduisez les nouvelles pousses de la partie supérieure des conifères.

Taillez les pins et ôtez les aiguilles mortes.

Dès que les feuillus ont perdu leurs feuilles, rabattez les pousses de l'année pour améliorer la forme de l'arbre.

Les petites branches peuvent être ligaturées, souvenez-vous qu'elles sont moins souples.

À la fin du mois, retirez tous les fruits et étamines.

Les baies peuvent rester sur l'arbre jusqu'au printemps si l'arbre est en bonne santé.

- Retirez les fils des feuillus dès qu'ils s'incrustent sinon la branche peut mourir pendant l'hiver.

- Appliquez les mêmes règles qu'en septembre. C'est le dernier mois où un bonsaï peut être rempoté sans risque.

Novembre

Vos bonsaïs sont tous au repos sauf si la température de l'extérieur ou du local a été trop élevée. Évitez alors un second démarrage.

Emplacement

Appliquez les mêmes consignes qu'en octobre.

Protégez vos bonsaïs du vent froid, de la neige, du gel, et d'éventuelles remontées de températures.

Arrosage

Réduisez la quantité d'eau sans laisser les arbres se dessécher pendant leur dormance.

Même au repos, les bonsaïs sont sensibles et fragiles. Contrôlez le drainage.

N'arrosez jamais un bonsaï lorsque le sol est gelé.

Fumure

N'apportez pas d'engrais en novembre.

Taille

Retirez toutes les feuilles qui restent sur les feuillus, assurez-vous qu'il ne reste plus de fruits ni d'étamines.

Pour les conifères, c'est le moment idéal pour retirer toutes les aiguilles dont le bout est bruni, et de pincer les aiguilles de deux ans, trop longues.

Procédez aussi au second élagage des pins noirs.

Formation

Les branches sont désormais trop rigides pour être ligaturées et pliées.

Rempotage

Ne rempotez pas en novembre.

Divers

C'est le bon moment pour prélever des plants dans les pays méridionaux, que vous conserverez à l'abri du gel.

Décembre

Tous les bonsaïs sont désormais au repos. Dans les régions froides, ils ont été mis à l'abri du froid ou sous châssis.

Emplacement

Protégez les arbres contre tout changement de temps.

Arrosage

Appliquez les mêmes règles qu'en novembre.

Soyez vigilant quand il gèle. Si la terre est trempée, le pot peut se fendre sous l'action du gel !

Fumure

N'apportez aucune fumure.

Taille

Elle est possible en tenant compte des fenêtres météo. Ne taillez jamais sous des températures négatives. Même de légères gelées blanches peuvent être préjudiciables, voire létales.

La taille est une blessure et n'a rien de naturel. Tailler en décembre est donc réservé aux techniciens ayant de l'expérience !

Rempotage

En hiver, ne transplantez aucun arbre sans sa motte de racines. Attendez le printemps.

Greffage

Décembre, janvier et février sont les meilleurs mois pour greffer des conifères. En saison froide, les arbres sont totalement au repos.

Vous pouvez aussi prélever des greffons.

Il est encore possible de prélever des arbres dans les pays méridionaux.

Les fiches techniques par espèces

Les bonsaïs d'extérieur

Ces bonsaïs ne peuvent absolument pas vivre en intérieur.

LES ORMES (FAMILLE DES *ULMACEAE*)

Cette famille compte une vingtaine d'espèces. Pour obtenir de beaux bonsaïs, on utilise principalement deux espèces : l'orme *(Ulmus minor, Ulmus procera)* et le Zelkova *(Zelkova carpinifolia, Zelkova parvifolia).*

L'orme champêtre, *Ulmus procera*

Arbre à feuilles caduques originaire d'Europe occidentale, centrale et méridionale dont les feuilles nervurées et rugueuses, d'un vert sombre, présentent une courte tige duveteuse, avec un duvet blanc sur la nervure principale de la face inférieure. L'écorce brun sombre est striée et ridée.

N'hésitez pas à vous entraîner avec cet arbre tout terrain !

- **Exposition :** placez-le dans un endroit lumineux, partiellement ensoleillé, ou sous une ombre légère.

Bonsaï *Ulmus minor.*

- **Protection :** en hiver, protégez-le des gelées avec un voile et, en été, abritez-le du soleil avec un voile d'ombrage.
- **Taille :** pour la taille de formation, laissez grossir les branches souhaitées et rabattez au début du printemps. Pour l'entretien, taillez les rameaux lignifiés en laissant deux ou trois paires de feuilles sur chacun.
- **Arrosage :** son besoin en eau est modéré (procédez à un arrosage d'appoint de juin à septembre). Évitez une eau trop chlorée.
- **Fertilisation :** faites des apports organiques durant toute la période végétative.
- **Rempotage :** il se fait au printemps. N'hésitez pas à tailler les racines.
Le substrat doit être bien drainant, composé en majeure partie d'*akadama*.
- **Reproduction :** les semences sont rarement fertiles. En revanche, il se propage bien par prélèvement de drageons.

Le faux orme de Sibérie, *Zelkova*

Ses variétés courantes sont en réalité originaires de Chine, du Japon ou de Corée... Cet arbre à croissance rapide présente une forme souvent ramifiée en bas, compacte et élancée, et des branches ascendantes. Son feuillage elliptique nervuré vert-jaune prend à l'automne de belles couleurs orangées. On peut obtenir en cinq ans des sujets au tronc de grosseur considérable.

Le cultivar *Zelkova parvifolia* 'Hokkaido' est particulièrement adapté à la formation de bonsaïs, car il est de croissance lente et d'une taille inférieure aux autres *Zelkova*. Il présente de minuscules feuilles de 4 mm de long sur 1,5 mm de large !

Exposition : pour une croissance plus rapide, placez-le de préférence au soleil et dans un endroit bien aéré. Si vous habitez dans une région chaude, installez-le à mi-ombre l'été.

Bonsaï *Zelkova*.

Protection : les premiers froids colorent son feuillage de tons roses et rouges. Il est ensuite préférable de le rentrer à l'abri sous tunnel, serre froide, ou jardin d'hiver, en pensant à l'arroser. Si l'hiver est très rigoureux, prévoyez un voile d'hivernage.

Taille : elle se fait pendant la croissance. Laissez pousser les rameaux, puis taillez en laissant deux ou trois feuilles. Pratiquez la taille de structure en hiver.

Arrosage : arrosez-le lorsque son substrat devient partiellement sec et pâle. Il tolère une humidité excessive au niveau des racines, c'est pourquoi il est nécessaire de laisser sécher légèrement les couches superficielles du substrat entre chaque arrosage.
L'arrosage doit être abondant en été, modéré au printemps. En hiver, arrosez au minimum pour éviter le pourrissement des racines. Il aime les vaporisations d'eau sur sa cime.

Fertilisation : pour débuter, il est prudent d'utiliser des boulettes de fertilisation organiques (à diffusion lente) : renouvelez-les au bout d'un mois en veillant à changer l'endroit de leur pose. Fréquence d'apports : au printemps, deux doses ; l'été, une dose ; l'automne, trois doses ; l'hiver, une dose. Pour un pot de 40 cm, une dose représente cinq boulettes.

Rempotage : rempotez-le tous les deux à trois ans, mais ne le faites jamais à l'automne. Le substrat doit être bien drainant, par exemple avec un mélange 90 % pouzzolane et 10 % de terreau, ou 100 % d'*akadama* pour les débutants.

Reproduction : les boutures se font facilement, notamment en juin.

LES PINS (FAMILLE DES *PINACEAE*)

Les pins sont des arbres résineux à aiguilles persistantes qui comptent un grand nombre d'espèces, utilisées pour leurs vertus décoratives ou leur robustesse.

Le pin noir du Japon, *Pinus thunbergii*

- **Exposition :** il supporte très bien une forte luminosité. N'hésitez pas à le placer en plein soleil en extérieur. Il fait partie des bonsaïs nécessitant le plus de lumière.
- **Protection :** il n'a pas besoin de protection. S'il supporte le plein soleil l'été, assurez-vous qu'il bénéficie d'une ambiance humide en arrosant le sol autour. Au sec, il supporte les températures basses.
- **Taille :** la taille de structure se fait en hiver, lorsque l'arbre est au repos. Laissez toujours des aiguilles et des bourgeons sur la branche, afin qu'elle ne dessèche pas.

Bonsaï *Pinus thunbergii*.

- **Arrosage :** il déteste les arrosages excessifs, surtout si le substrat n'est pas suffisamment drainant : cela serait fatal aux mycorhizes. En été, laissez sécher la motte entre deux arrosages.
- **Fertilisation :** apportez de l'engrais organique au printemps et en été, afin de préserver les mycorhizes.
- **Rempotage :** rempotez-le tous les trois ans, lors de la croissance des chandelles (bourgeons de croissance) au printemps.
Le substrat doit être très drainant, soit un mélange de sable, de gravier et d'*akadama*.
- **Reproduction :** elle se fait par semis au printemps, dans un mélange 50 % *akadama*, 50 % sable de rivière, dans une pièce humide. Au bout d'un an, rempotez dans des godets d'*akadama*. Au bout de deux ans, rempotez dans un pot à bonsaï.

Le pin mugo, *Pinus mugo*

Il est aussi appelé « pin des montagnes ». Son feuillage est persistant.

▸ **Exposition :** il a besoin de beaucoup de lumière et de soleil, d'une bonne humidité atmosphérique et d'un environnement aéré.

▸ **Protection :** il n'a besoin d'aucune protection et supporte le plein soleil l'été.

▸ **Taille :** la taille d'entretien doit se faire de préférence en fin de printemps, mais n'agissez pas sur des arbres rempotés dans l'année. Pour la taille de structure, procédez en novembre pour éviter les coulées de sève.

▸ **Arrosage :** il doit être parcimonieux, car le sol ne doit jamais être détrempé.
Assurez-vous que le substrat soit suffisamment drainant.

▸ **Fertilisation :** apportez un engrais organique pendant sa période de croissance.

▸ **Rempotage :** tous les deux ans, au printemps. Conservez la majorité de la terre d'origine qui contient des mycorhizes permettant le bon développement des racines. Ne taillez pas trop les racines.

Bonsaï *Juniperus.*

▸ **Reproduction :** la méthode la plus simple est le prélèvement, à effectuer plutôt en période de montée de sève.

▸ **Maladies et ravageurs :** il est sensible aux cochenilles.

ET QUELQUES AUTRES ESPÈCES :

▸ *Pinus bungeana*
Originaire de Chine, il arbore une magnifique écorce, surtout en automne lorsqu'elle vient de s'exfolier en faisant apparaître un fond lisse blanchâtre sous des lambeaux brun rougeâtre. Les rameaux vert olive portent de longues aiguilles lustrées vert-jaune groupées par trois.

▸ *Pinus cembra*
Il est originaire d'Europe centrale et du nord de l'Asie. Ses feuilles vert bleuté en dessous et vert frais au-dessus en font un conifère très décoratif en forme de chandelier étroit et de pousse lente.

▸ *Pinus parviflora* 'glauca'
De forme fastigiée large et irrégulière, à petite végétation, ce pin un peu trapu et très fourni présente un joli feuillage bleu et vert et de très beaux cônes violacés.

▸ *Pinus pumila* 'nana'
Ce pin compact à 5 aiguilles longues, gris bleuté et des cônes de 5 cm se prête à la formation de bonsaï.

Genévrier commun, Kengai cascade.

LE GENÉVRIER (FAMILLE DES *CUPRESSACEAE*)

Ce conifère est couramment utilisé en art du bonsaï. Il permet d'obtenir de beaux sujets au tronc tortueux et aux aiguilles courtes, vert clair et glauque.

La variété classique est le genévrier de Chine *(Juniperus chinensis)*, mais les variétés *Juniperus squamata, Juniperus rigida*, etc. sont également courantes.

Le genévrier de Chine, *Juniperus chinensis*

Cet arbuste persistant à croissance lente possède des feuilles en forme d'écailles. Il en existe un bon nombre de variétés.

- **Exposition :** il se plaît toute l'année exposé en plein soleil.
- **Protection :** protégez-le quand la température descend sous -10 °C.

Bonsaï *Juniperus chinensus*

- **Taille :** elle se réalise par pincement : pincer les nouvelles pousses pendant la croissance permet de développer le feuillage. Il supporte assez bien les tailles sévères.

- **Arrosage :** arrosez abondamment l'été, deux fois par semaine. Pulvérisez régulièrement de l'eau non calcaire sur les feuilles. Procédez à un arrosage modéré en hiver.

- **Fertilisation :** apportez de l'engrais organique au printemps et à l'automne.

- **Rempotage :** rempotez tous les trois à cinq ans, au début du printemps.
Le substrat doit être drainant. Vous pouvez le constituer à 100 % d'*akadama*, ou avec un mélange d'*akadama* (60 à 70 %) et de roches volcaniques (30 à 40 %).

- **Reproduction :** la multiplication se fait par semis ou bouture.

L'OLIVIER (FAMILLE DES *OLEACEAE*)

L'espèce utilisée est *Olea europaea*. Feuillu et persistant, il n'est pas facile à cultiver car il est sensible au froid, surtout au niveau des racines.

- **Exposition :** il aime le plein soleil toute l'année.

- **Protection :** il doit rester hors gel et à la lumière durant l'hiver.

- **Taille :** l'olivier accepte les tailles importantes si elles sont pratiquées à la bonne période, c'est-à-dire à la fin de l'hiver : sa croissance sera ainsi plus vigoureuse au printemps. Coupez à deux ou trois feuilles pour la taille d'entretien.

- **Arrosage :** n'arrosez pas trop souvent et laissez sécher un peu la terre entre chaque arrosage. Arrosez davantage l'été, et très peu en hiver.

Bonsaï *Olea europaea* en fleurs.

▸ **Fertilisation :** utilisez des engrais organiques à décomposition lente lorsqu'il est en formation.

▸ **Rempotage :** procédez au printemps, si possible tous les trois ans, au débourrement des bourgeons.
Utilisez de préférence un substrat très drainant, composé d'un tiers d'*akadama*, un tiers de sable et un tiers de tourbe.

▸ **Reproduction :** le semis est difficile mais on peut le multiplier par boutures.

LES PRUNUS (FAMILLE DES *ROSACEAE*)

On recense environ 200 espèces, mais deux d'entre elles en particulier se prêtent à l'art du bonsaï : *Prunus triloba*, l'amandier de Chine, et *Prunus mume*, l'abricotier du Japon.

L'amandier de Chine, *Prunus triloba*

Il est feuillu, caduc et résistant.

▸ **Exposition :** Placez-le en plein soleil.

▸ **Protection :** il n'a pas besoin de protection particulière et supporte quelques gelées l'hiver (jusqu'à -10 °C) et le plein soleil l'été.

▸ **Taille :** coupez les tiges au niveau d'un bourgeon après floraison.

▸ **Arrosage :** arrosez régulièrement, surtout au printemps.

▸ **Fertilisation :** utilisez un engrais organique à décomposition lente durant toute la période de croissance, après floraison.

▸ **Rempotage :** agissez au printemps, tous les trois ans.
Le substrat doit être drainant, constitué d'un mélange d'*akadama* et de graviers.

▸ **Reproduction :** elle se fait par bouturage.

▸ **Maladies :** il est sensible aux pucerons et à la gommose.

L'abricotier du Japon, *Prunus mume*

Il est feuillu, caduc et à floraison hivernale blanche ou rosée.

▸ **Exposition :** placez-le au soleil toute l'année.

▸ **Protection :** en été, protégez-le avec une toile d'ombrage.

- **Taille :** n'hésitez pas à effectuer une taille sévère pour lui conserver une belle structure. Taillez les longues pousses après la floraison.
- **Arrosage :** arrosez régulièrement et de manière intensive en été, surtout si l'arbre possède des fruits. Arrosez modérément en hiver. Évitez l'eau trop calcaire.
- **Fertilisation :** apportez de l'engrais au printemps et à l'automne.
- **Rempotage :** rempotez tous les deux ans pour les jeunes bonsaïs, puis tous les trois ou quatre ans. Agissez au début du printemps.
Le substrat doit être drainant, soit à 100 % d'*akadama* pour les débutants, ou en mélangeant 60 % d'*akadama* à l'ancienne terre du pot et à du sable de rivière.
- **Multiplication :** elle se fait par semis ou par bouture.
- **Maladies et ravageurs :** il est sensible aux pucerons.

Bonsaï *Prunus* en fleurs.

LE POMMIER (FAMILLE DES *ROSACEAE*)

L'espèce la plus utilisée est *Malus cerasifera*, mais on rencontre également *Malus sylvestris* ou *Malus halliana*. Feuillu et caduc, il produit une magnifique floraison au printemps suivie de petits fruits. Très résistant, le pommier est prisé des amateurs de bonsaïs.

- **Exposition :** placez-le en plein soleil, ou à mi-ombre l'été en région chaude, dans un espace bien aéré.
- **Protection :** protégez-le avec un voile d'ombrage en cas de forte chaleur.
- **Taille :** taillez les branches inesthétiques après la floraison. Vous pouvez tailler les nouvelles pousses toute l'année.
- **Arrosage :** arrosez abondamment, surtout pendant la période de fructification et laissez sécher la terre entre deux arrosages.

Bonsaï *Malus* avec des fruits.

- **Fertilisation :** apportez un engrais organique à décomposition lente au printemps, après la floraison.
- **Rempotage :** agissez au printemps tous les deux ans.

Le substrat doit être un peu plus lourd que celui de la plupart des bonsaïs.

- **Reproduction :** elle se fait par semis. La bouture est possible mais donne de moins bons résultats.
- **Maladies et ravageurs :** il est notamment sensible à la chlorose.

LE POIRIER (FAMILLE DES *ROSACEAE*)

L'espèce utilisée est *Pyrus communis* (poirier commun) ou *Pyrus calleryana* (poirier de Chine). Il est feuillu, caduc, et arbore une très belle floraison blanche au printemps. Il présente par ailleurs une bonne résistance au froid.

- **Exposition :** placez-le en plein soleil.
- **Protection :** il n'a pas besoin de protection particulière. Robuste, il supporte le gel jusqu'à -15 °C.
- **Taille :** elle se fait après la floraison. Rabattez les branches pour conserver la forme de l'arbre et les jeunes pousses au-dessus de la première paire de feuilles.
- **Arrosage :** arrosez le feuillage après floraison et procédez à un arrosage plus fréquent en été.
- **Fertilisation :** apportez un engrais organique à décomposition lente, mais jamais pendant la floraison.
- **Rempotage :** il se fait au début du printemps, avant la floraison.
Le substrat doit être drainant. N'oubliez pas de réutiliser une partie de la terre d'origine.
- **Reproduction :** la multiplication se fait par bouture, au début du printemps. Pour de meilleurs résultats, plantez-le en pleine terre pour une croissance plus rapide. Au bout de deux ou trois printemps, rempotez dans un pot à bonsaï après avoir réduit les racines.

Bonsaï *Pyrus communis.*

LE GINGKO (FAMILLE DES *GINKGOACEAE*)

Le gingko, *Gingko biloba*, est un véritable fossile vivant âgé de plus de 150 millions d'années ! Il n'est pas parasité par les insectes, ne possède pas de prédateur ni maladies et est très résistant.

En automne, les feuilles deviennent jaune d'or, ce qui lui vaut son surnom « d'arbre aux quarante écus ». Ses feuilles sont uniques parmi les arbres, puisque formées de deux lobes en forme de palmes et ne présentant pas de nervure centrale comme la quasi-totalité des plantes modernes.

- **Exposition :** placez-le au soleil, à un emplacement aéré.
- **Protection :** placez-le sous toile d'ombrage l'été, les très jeunes sujets doivent être protégés du plein soleil. Créez une atmosphère humide autour de l'arbre.
- **Taille :** elle se fait au début du printemps ou en hiver. Retirez deux à trois feuilles sur les jeunes pousses, et taillez-les si besoin pour conserver la forme de l'arbre.

- **Arrosage :** arrosez généreusement en été et au printemps. L'hiver, réduisez l'arrosage.
- **Fertilisation :** apportez de l'engrais organique au printemps et en automne.
- **Rempotage :** il se fait au début du printemps, tous les deux ou trois ans, avant le débourrement. Évitez les rempotages trop rapprochés. Le substrat doit être très drainant, composé entièrement d'*akadama* ou mélangé à du gravier (pouzzolane).
- **Reproduction :** elle se fait par semis ou par bouture au printemps.

Bonsaï *Gingko biloba* à l'automne.

LE RHODODENDRON OU AZALÉE (FAMILLE DES *ERICACEAE*)

L'espèce utilisée est *Rhododendron indicum*. Ce bonsaï feuillu et persistant est destiné à l'extérieur. Il possède un tronc noueux, de jolies fleurs roses et/ou blanches et de puissantes racines. Cela donne souvent des sujets spectaculaires.

- **Exposition :** placez-le dans un endroit frais, à mi-ombre.
- **Protection :** pour le protéger des températures élevées, entourez-le d'un voile d'ombrage (évitez-lui des températures supérieures à 20 °C) : la fraîcheur lui est essentielle. Évitez-lui également le gel en le rentrant en serre froide dès les premiers froids.
- **Taille :** après la floraison, taillez les rejets régulièrement à la base du bonsaï. Éliminez les fleurs fanées.
- **Arrosage :** arrosez abondement pendant la floraison afin d'éviter que la terre ne se dessèche. Bassinez le feuillage l'été. Évitez une eau trop calcaire.
- **Fertilisation :** apportez régulièrement de l'engrais organique au printemps et en automne, mais évitez tout apport d'engrais azoté pendant la floraison sous peine de voir tomber les fleurs.
- **Rempotage :** rempotez au printemps ou après la floraison, tous les trois ans environ.
Le substrat doit être très drainant, composé principalement de *kanuma* (mélangé à de l'*akadama*).
- **Reproduction :** elle se fait principalement par bouture.
- **Maladies et ravageurs :** il est sensible à la phytophtora et aux pucerons.

Bonsaï *Rhododendron indicum* en fleurs.

LA GLYCINE (FAMILLE DES *FABACEAE*)

L'espèce utilisée est *Wisteria floribunda*. Cette plante étant très vigoureuse, le bonsaï obtenu sera donc d'une taille importante. Cette grimpante se prête à la forme cascade ou pleureur.

- **Exposition :** placez-le en plein soleil.
- **Protection :** protégez-le des gelées hivernales et des fortes chaleurs.
- **Taille :** après la floraison, réduisez les nouvelles branches et supprimez les bourgeons terminaux en juillet et en septembre.
- **Arrosage :** arrosez généreusement l'été en maintenant une terre humide. Le reste de l'année, évitez les excès d'eau.
- **Fertilisation :** apportez un engrais organique équilibré après floraison, de mars au début de l'été.
- **Rempotage :** agissez au printemps, avant floraison, tous les trois à cinq ans.
Le substrat doit être de pH neutre ou légèrement acide, riche en matières organiques.
- **Reproduction :** elle se fait par semis ou par bouturage.
- **Maladies et ravageurs :** il est sensible aux cochenilles.

Bonsaï *Wisteria floribunda*.

Bonsaï *Bougainvillea.*

LE BOUGAINVILLIER (FAMILLE DES *NYCTAGINACEAE*)

L'espèce utilisée est *Bougainviella glabra*. Cet arbrisseau feuillu et caduc possède des bractées colorées souvent prises pour des fleurs (celles-ci sont blanches et insignifiantes au centre des bractées).

- **Exposition :** placez-le en plein soleil toute l'année.

- **Protection :** protégez-le des gelées l'hiver ; il ne supporte pas une température inférieure à 0 °C.

- **Taille :** au début de printemps, taillez à deux ou trois feuilles lorsque la pousse en compte une dizaine. Retirez les pousses inutiles.

- **Arrosage :** arrosez abondamment l'été, en veillant à conserver la motte humide.

- **Fertilisation :** apportez de l'engrais organique au printemps et à l'automne.

- **Rempotage :** il se fait tous les deux ans, au début du printemps.
Le substrat doit être neutre ou acide. Il peut être composé à 100 % d'*akadama*, ou mélangé à du *kanuma* et de la pouzzolane.

- **Reproduction :** elle se fait facilement par bouturage, marcottage ou prélèvement.

- **Maladies et ravageurs :** il est sensible à la chlorose.

Les bonsaïs subtropicaux, tropicaux et méditerranéens, dits « d'intérieur »

Un bonsaï reste rarement seul longtemps ! Famille ou amis vont vouloir vous faire plaisir avec un arbre du commerce. Si cela part d'une bonne intention, les bonsaïs de grandes surfaces ou de jardineries sont malheureusement souvent des arbres de production industrielle et intensive.
Il y a un malentendu à propos des bonsaïs soi-disant d'intérieur, car les arbres sont faits pour vivre dehors (il faut les mettre à l'abri uniquement l'hiver). Seuls les arbres tropicaux et subtropicaux peuvent survivre à l'intérieur et sous certaines conditions : loin des radiateurs, cheminées et poêles ; proches de la lumière du jour et surtout avec une bonne humidité atmosphérique (ce qui fait, hélas, souvent défaut).
Si vous voulez essayer, choisissez votre bonsaï parmi les Euphorbes, Crassula, ou certains cactus arbustifs.

LE CRASSULA (FAMILLE DES CRASSULACEAE)

Crassula sarcocaulis est une espèce méditerranéenne originaire d'Afrique du Sud. Cette plante de la famille des Crassulacées produit en mai-juin des bouquets de fleurs roses.
Semi-persistante, elle est résistante à la sécheresse et rustique (-12 °C).
C'est la plante idéale pour débuter car elle possède une croissance rapide. Sa taille adulte est comprise entre 30 et 40 cm.

- **Exposition :** ce bonsaï requiert une exposition ensoleillée. Il peut être hiverné à l'intérieur si on lui apporte suffisamment de lumière.
- **Taille :** inutile.
- **Arrosage :** modéré.
- **Reproduction :** la multiplication par bouturage se fait toute l'année.
- **Ligaturage :** les branches étant fragiles, la formation en bonsaï se conduit uniquement par la taille, on ne fait pas de ligaturage.
- **Rempotage :** si les crassulas supportent d'être un peu à l'étroit dans leur pot, rempotez-les tout de même tous les deux à trois ans, en été. Le substrat doit être drainant, avec un sol calcaire, neutre et frais.

▸ **Maladies et ravageurs :** cette plante résistante est peu sujette aux maladies et aux ravageurs. Le principal risque est le pourrissement des racines dû à un excès d'eau. Si vous décelez une attaque de pucerons, cochenilles ou araignées rouges, traitez la plante dès le début de l'invasion.

LE CARMONA (FAMILLE DES BORAGINACEAE)

Carmona microphylla est parfois appelé arbre à thé. Cet arbuste tropical possède des petites feuilles persistantes vert foncé brillantes. Après la floraison blanche viennent de petits fruits verts qui deviennent rouges en mûrissant.
Cette espèce est souvent proposée en jardinerie et fait partie des bonsaïs « jetables », tout comme l'orme de Chine et *Ficus retusa*. Sa culture est délicate.

▸ **Exposition :** il demande un emplacement lumineux, à l'extérieur à la belle saison et à l'intérieur l'hiver. Il est sensible aux courants d'air.

▸ **Protection :** assurez-lui au moins 17 °C en hiver.

▸ **Taille :** il est inutile de tailler les feuilles car celles-ci sont déjà de petite taille. Vous pouvez pratiquer les pincements toute l'année.
Réduisez les rameaux à deux ou trois feuilles quand ils en ont au moins sept ou huit.
La taille de formation s'effectue pendant la période de faible croissance, c'est-à-dire en janvier-février.

▸ **Arrosage :** conservez la motte humide mais sans saturation du substrat. Laissez un peu sécher la motte entre deux arrosages. Si vous arrosez trop ou pas assez, les feuilles peuvent jaunir et tomber !

▸ **Fertilisation :** toute l'année, en diminuant fortement les doses l'hiver.

▸ **Rempotage :** il se fait tous les deux ou trois ans, d'avril à mai.
Le substrat doit être drainant, soit 100 % *akadama*, ou un mélange de 60 % d'*akadama*, 20 % de terreau et 20 % de sable de rivière.

▸ **Reproduction :** elle se fait par bouturage au printemps.

▸ **Ligaturage :** laissez les fils deux mois maximum, car cette espèce pousse presque toute l'année. Protégez l'écorce avec du raphia.

▸ **Maladies et parasites :** il peut être attaqué par la chlorose, les escargots, les pucerons, les araignées jaunes ou les cochenilles.

LE SERISSA (FAMILLE DES RUBIACEAE)

Originaire du Japon, de Chine et d'Indochine sous climat subtropical, cette espèce est également très commune en jardinerie. De culture délicate, elle déteste les courants d'air et l'eau calcaire.

Cet arbuste possède un feuillage persistant ou semi-persistant, de petites feuilles ovales, épaisses et vert foncé. Feuillage et branches dégagent une odeur désagréable lorsqu'on les écrase, ce qui explique son nom, *Serissa foetida*. Son tronc à écorce grise est fragile, les branches et racines sont cassantes. Soyez prudent avec le ligaturage.

En automne, les boutons floraux roses apparaissent au bout des nouveaux rameaux et s'épanouissent en fleurs blanches éphémères. Le tronc s'épaissit lentement, les branches et rameaux sont plus rapides.

- **Exposition :** placez-le dans un endroit lumineux, mais évitez le plein soleil.

- **Protection :** l'été par fortes chaleurs, mettez-le à l'abri sous une toile d'ombrage, mais au soleil. L'hiver, conservez hors gel, au frais à 10 °C et à la lumière, en utilisant une lampe horticole si nécessaire.

- **Taille :** elle se fait en janvier. Cette espèce supporte des tailles sévères si nécessaire (branches disgracieuses). Pendant la période de végétation, coupez les rameaux au-dessus de la première feuille à partir de la base.

- **Arrosage :** ils doivent être très fréquents l'été, afin de garder la motte humide. Maintenez une atmosphère humide en arrosant le sol. Pour cette raison, cette espèce ne convient pas à l'intérieur où l'atmosphère est trop sèche. Diminuez les arrosages en hiver.

- **Fertilisation :** au printemps (riche en azote et phosphore) et en automne (riche en potassium pour la floraison), en plusieurs apports.

- **Rempotage :** il se fait au printemps, tous les deux ans. Utilisez un substrat très drainant, composé de 60 % d'*akadama*, 20 % de terreau et 20 % de sable de rivière.

- **Reproduction :** bouturage de branche d'une quinzaine de centimètres. Placez dans un endroit frais à l'ombre et rempotez l'année suivante.

- **Maladies et parasites :** pourriture grise et pourriture des racines, pucerons, acariens, cochenilles ou escargots.

LE MURRAYA (FAMILLE DES RUBIACEAE)

Murraya paniculata est aussi appelé bois jasmin ou buis de Chine. Cet arbuste feuillu, persistant, de sous-bois, pousse en climat semi-tropical.
Il produit des fleurs blanches délicatement parfumées à l'odeur de jasmin, puis des baies orangées.

- **Exposition :** l'été, lorsque vous le sortez en extérieur, ne le placez pas en plein soleil, mais à mi-ombre.

- **Protection :** sortez-le dès le mois de mai et acclimatez-le ainsi grâce aux nuits douces. L'été, protégez-le des rayons directs du soleil. L'hiver, mettez-le à l'abri dans une pièce fraîche, avec une atmosphère humide et beaucoup de lumière (lampe horticole pour augmenter la durée du jour). Évitez les courants d'air et le vent.

- **Taille :** d'avril à septembre, taillez les branches pour conserver une harmonie dans la forme. Coupez au-dessus du premier pétiole, ses feuilles étant composées.

- **Arrosage :** il doit être abondant en été, bassinez le feuillage. Réduisez en hiver.

- **Fertilisation :** en engrais liquide fin avril ; en apports de boulettes d'engrais solide posées sur la motte à plusieurs endroits en septembre. Alternez.

- **Rempotage :** à la fin du printemps, dans un mélange composé de 60 % d'*akadama*, 20 % de terreau et 20 % de sable de rivière.

- **Reproduction :** à la fin du printemps, prélevez un rameau en laissant uniquement les dernières feuilles. Plantez cette bouture dans de l'*akadama* ou de la pumice pure, tout en maintenant une atmosphère humide. Rempotez environ deux ans après, dans un pot à bonsaï.

- **Maladies et ravageurs :** cet arbuste est peu sensible aux maladies, il peut toutefois être attaqué par des cochenilles.

LE TROÈNE DE CHINE (FAMILLE DES OLEACEA)

Cet arbuste semi-persistant, *Ligustrum sinensis*, possède des feuilles oblongues vert pâle de 2 à 5 cm. En été apparaissent des panicules de fleurs blanches parfumées, suivies de baies noires. Son écorce est gris clair.

- **Exposition :** en extérieur, il supporte le soleil ; en intérieur, il lui faut beaucoup de lumière et une atmosphère très humide (billes d'argile ou pouzzolane dans la soucoupe).

- **Protection :** protégez-le des fortes chaleurs par un voile d'ombrage. À la sortie de l'hiver, sortez-le et placez-le à l'ombre avant de le mettre au soleil.

- **Taille :** en période de végétation, supprimez les jets en conservant la forme désirée.

- **Arrosage :** il doit être abondant, car la motte ne doit pas sécher. Les feuilles pendent et ramollissent en cas de stress hydrique.

- **Fertilisation :** deux fois par mois en été, tous les mois en hiver s'il pousse.

- **Rempotage :** effectuez-le au début du printemps, tous les deux ans, dans un substrat composé de 60 % d'*akadama* et 40 % de pouzzolane. Taillez sévèrement les racines car c'est une espèce vigoureuse.

- **Ligaturage :** ligature possible au printemps ou en été.

- **Reproduction :** Multiplication par semis à l'automne ou bouturage en juin. On peut aussi prélever des semis spontanés dans les massifs au pied des sujets adultes.

- **Maladies et parasites :** pucerons et aleurodes (mouche blanche).

LE SAGERETIA (FAMILLE DES RHAMNACEAE)

Sageretia theazeans est également surnommé « arbre à plumes » ou « thé du pauvre ».
Cet arbuste originaire d'Asie et d'Amérique du Nord, poussant en climat tropical, possède des feuilles opposées, brillantes et veinées de 10 à 15 mm de long. Les jeunes pousses sont roses, parfois rouges ou cuivrées, avant de devenir vertes. L'écorce se desquame par plaques et est très décorative.
Persistant, en été, il produit de petites fleurs blanches au niveau des pétioles des feuilles.

▸ **Exposition :** Toujours très lumineuse mais à l'abri du soleil direct les après-midi d'été. Si possible, maintenez-le en extérieur dès que les températures nocturnes ne descendent plus sous 5 °C, après les saints de glace. En intérieur, le sageretia a besoin d'une atmosphère humide. L'idéal est de le poser sur une soucoupe emplie de billes d'argile et d'eau. Il lui faut une atmosphère plus fraîche la nuit dans une pièce fraîche ou non chauffée. Évitez les atmosphères surchauffées en permanence.

▸ **Protection :** il ne supporte ni vent, ni courant d'air.

▸ **Taille :** maintenez la forme désirée durant la saison végétative. Le sageretia bourgeonne en arrière très facilement et produit une grande quantité de jeunes pousses.

- **Arrosage :** espèce assez exigeante. L'idéal est de l'arroser dès que le substrat commence à être sec au toucher. Elle montre vite des signes de stress (feuilles pendantes) si on l'oublie. Elle se dessèche assez rapidement.

- **Fertilisation :** deux fois par mois en été. Tous les mois en hiver, s'il est en végétation. Utilisez en priorité un engrais organique.

- **Rempotage :** cette espèce n'aime pas être rempotée. Effectuez le rempotage au printemps, seulement quand le pain racinaire remplit le pot.

- **Ligaturage :** il est possible de le mettre en forme par la taille ; la ligature n'est pas nécessaire.

- **Reproduction :** privilégiez la bouture. Au printemps, placez-la dans un verre d'eau pendant trois ou quatre semaines, puis rempotez dans un substrat drainant.

- **Maladies et parasites :** les pucerons et les mouches blanches peuvent parfois venir dessus.

LE FIGUIER BANYAN (FAMILLE DES MORACEAE)

Cet arbre à feuillage persistant, *Ficus retusa*, est originaire d'Indonésie. Ses feuilles sont alternes, à l'aspect cireux. Son écorce est marron foncé grisâtre et striée ou tachetée de bandes blanches. Très résistant, il est de fait adapté aux apprentis *bonsaïka*.

- **Exposition :** le ficus est une espèce tropicale qui tolère une plage de températures comprises entre 15 et 30 °C. Cette plante d'intérieur conduite en bonsaï peut être cultivée presque toute l'année, dans une maison ou une pièce lumineuse, et près d'une fenêtre. Placez-le à l'extérieur après les gelées des saints de glace. Sortez votre bonsaï progressivement dans un endroit lumineux, mais sans soleil direct afin de l'acclimater. En été, soyez vigilant par rapport aux coups de soleil sur le feuillage. Pour écarter tout risque, choisissez un emplacement lumineux, mais sans soleil direct et surtout à l'abri du vent desséchant.

Protection : le ficus craint le froid et surtout le gel, mettez-le à l'abri ou protégez-le lorsque les températures descendent sous 15 °C.
En hiver, lorsque les heures d'ensoleillement et la lumière diminuent, utilisez un éclairage artificiel en utilisant une lampe horticole. Il est toutefois plus sage d'hiverner vos bonsaïs exotiques dans une pièce très lumineuse.

Taille : le ficus supporte une coupe drastique. N'hésitez pas à rabattre fortement les jeunes sujets. Méfiez-vous du latex qui s'écoule lors de la taille, il peut être irritant.

Arrosage : d'une manière générale, le ficus est une espèce tropicale qui apprécie l'humidité tout en craignant l'excès d'eau. Évitez l'arrosage à l'eau du robinet et préférez l'eau de pluie ou une eau de source à température ambiante.
La fréquence d'arrosage et la quantité d'eau dépendent de la saison, de l'emplacement et de la taille de votre bonsaï. Sur des sujets cultivés en intérieur de taille modeste, prévoyez une fréquence d'arrosage de 3 à 4 fois par semaine en été, et environ 3 fois par mois en hiver. Arrosez uniquement lorsque le substrat a bien séché en surface. La motte ne doit pas être détrempée, cela pourrait provoquer le pourrissement des racines et la perte des feuilles. Vérifiez l'humidité du sol en plantant vos doigts dans le substrat. Si la terre est encore humide sur quelques centimètres, attendez un peu avant d'arroser.
Si votre ficus est cultivé à l'extérieur en été, un arrosage presque quotidien est indispensable. Évitez les arrosages lors des grosses chaleurs de l'après-midi et préférez un arrosage copieux en début de soirée (l'eau du matin s'évapore très vite).
En hiver, réduisez les apports d'eau.
Si vous disposez d'une coupelle sous votre pot, enlevez l'excès d'eau après l'arrosage. L'eau stagnante peut provoquer le pourrissement des racines.
En complément, vous pouvez brumiser.

Fertilisation : au printemps, fertilisez votre ficus une fois tous les quinze jours avec un engrais organique équilibré en azote afin de stimuler sa croissance.
En été, utilisez un fertilisant plus équilibré en azote, potassium et phosphore pour éviter l'allongement des feuilles et des entre-nœuds.
En hiver, stoppez tout apport de nourriture.

Rempotage : l'idéal est de rempoter le ficus au printemps.

Ligaturage : le ficus peut être ligaturé toute l'année.

Reproduction : le ficus se bouture très facilement.

Maladies et ravageurs : cette espèce est très résistante. Les problèmes les plus fréquents proviennent soit d'un manque de lumière, soit d'un excès d'arrosage.

Pour aller plus loin...

Exposition et présentation des bonsaïs

Après quelques années de patience et beaucoup de travail, votre bonsaï est enfin prêt à être exposé ! En japonais, le mot « exposition » se traduit par *kazari*. Vous pouvez présenter vos bonsaïs de diverses façons. En Europe, on choisit un jardin ou une cour intérieure *(niwa-kasari)*. Vous pouvez utiliser des tables dédiées *(seki-kazari)* ou créer un lieu d'exposition à l'occidentale *(yoma-Kazari)*. Le mobilier, la mise en scène et les plantes d'accompagnement obéissent à des codes précis. Inspirez-vous-en ou laissez libre cours à votre imagination !

PRÉSENTER UN BONSAÏ SUR UN LIEU D'EXPOSITION (SALON, CONGRÈS, CONCOURS, ETC.)

Le fond

Prévoyez un fond très simple, lisse et de préférence de couleur discrète et mate.

Les fonds noirs sont utiles pour faire ressortir l'architecture de l'ensemble : bonsaï, présentoir et plantes d'accompagnement ou *suiseki* (pierre-paysage, voir p. 120).

Les expositions en extérieur nécessitent également un fond, afin de se concentrer sur le sujet, sans perturbations. Palissade de bois, canisse, bambous ou brande constituent des fonds harmonieux.

Le support

Recouvrez vos tables d'exposition de natte, de toile de jute ou de fibre de coco, d'un drap de laine ou encore de tissu imperméabilisé.

Il existe différentes sortes de tablettes en bois pour mettre en valeur les bonsaïs en exposition. D'origine japonaise, elles sont sommaires et bon marché ou constituent de véritables antiquités luxueuses. Vous les trouverez dans le commerce sous les noms de *shoku* ou *taku*. Des supports naturels en bois travaillé et lisse sont également disponibles.

Tokonoma lors du Chelsea Flower Show en 2013.

Pourquoi ne pas créer les vôtres en taillant une planche dans un tronc d'arbre ? Il suffit de la raboter, de la mettre à niveau et de la poncer. Pour une jolie finition, cirez ou vernissez le bois. Du bois de récupération peut aussi convenir : planches de bois flotté, vieux lambris ou lames de plancher de qualité.

La composition

Lors des expositions en intérieur (hall d'exposition par exemple), les bonsaïs sont présentés en sujets solitaires ou en compositions.

Concernant les compositions, les expositions traditionnelles de style japonais se conçoivent en *tokonoma* (alcôve). Ce genre d'alcôve à l'intérieur des habitations est toutefois rare en Occident.

Le *tokonoma* est organisé en exposition selon des règles strictes : un décor constitué d'une estampe sommaire ou d'un rouleau de calligraphie peint est généralement accroché au fond. En accompagnement du ou des bonsaïs, on place un *suiseki*, figurine en terre cuite, des plantes compagnes dans des mini-poteries ou encore des herbes sauvages...

Important à noter : au Japon, les bonsaïs sont exposés très brièvement dans le *tokonoma*, trois ou quatre jours au maximum ! En effet, si vous placez votre arbre trop longuement dans une maison, ce sera pour lui comme une prison sombre, très sèche, aux antipodes de son biotope. Même si vous lui apportez les meilleurs soins, l'échec est presque assuré. Il lui manquera en effet la sensation des insectes qui viennent le polliniser et se poser sur ses rameaux, le climat, l'eau de pluie, etc.

L'éclairage

Lors des congrès et rassemblement de clubs, l'éclairage est important pour mettre en valeur la scène. Il est idéalement orienté en faisceau (petite lampe à ampoules LED) ou simule la lumière du jour, dans une ambiance tamisée. Les lumières trop agressives (halogène) sont à éviter.

Enfin, dans le cadre d'une exposition en salon privé, si les baies vitrées sont nombreuses, il est possible de n'adjoindre aucune source artificielle de lumière, comme à l'intérieur du *tokonoma* de conception ancestrale.

EN RÉSUMÉ

L'exposition est l'aboutissement de nombreuses années d'efforts. L'arbre ne doit pas en souffrir. Il doit évidemment être dans un état impeccable, sa poterie nettoyée de toute souillure. S'il s'agit d'un concours, les enjeux sont d'autant plus importants, et la moindre erreur sera sévèrement sanctionnée par le jury.

Ces moments sont souvent très excitants pour le bonzaïka. C'est le jour de la reconnaissance du public : le savoir-faire, la patience et l'expérience y sont célébrés !

Les plantes d'accompagnement et les suiseki

Lors des expositions, les bonsaïs sont souvent associés à des plantes compagnes ainsi qu'à des *suiseki*.

LES *SUISEKI*

Ce mot vient des idéogrammes *sui*, « eau », et *seki*, « pierre ». Ces pierres-paysages sont collectionnées en Chine. Leur art fut introduit au Japon au XVe siècle par les prêtres bouddhistes. Les pierres-paysages ressemblent à une montagne ou une île. Elles peuvent prendre également la forme d'un animal, être colorées (jaspe, jade, etc.) ou présenter une forme abstraite.

Dans la catégorie des pierres ressemblant aux montagnes et collines, les plus beaux sujets se cachent dans le lit des rivières, torrents de montagne, ou sont échoués sur les plages.

Partir à la recherche de pierres exceptionnelles est une activité passionnante qui plaît souvent beaucoup aux enfants. Pour rentrer dans la catégorie des *suiseki*, la pierre ne doit pas être modifiée, sculptée ou gravée par la main de l'homme. Seuls les éléments façonnent ces pierres. La pluie, l'érosion et le vent donnent un aspect lisse et une patine qui confèrent toute leur poésie à ces vieilles pierres.

Comment les associer aux bonsaïs ?
Les *suiseki* sont posés sur des plateaux en terre cuite contenant un lit de sable fin ou de l'eau (pour les pierres en forme d'île), ce qui crée une scène de paysage. Certaines sont placées sur un support en bois sculpté épousant parfaitement leur base. Pour les expositions de bonsaïs, le *suiseki* se trouve à droite ou à gauche de l'arbre.

Le *suiseki* est parfois si beau qu'il peut faire de l'ombre au bonsaï. Il donc préférable dans ce cas de choisir un arbre sobre et discret. D'ailleurs, les *suiseki* sont souvent exposés seuls, lors d'une exposition dédiée.

Il est important d'établir une harmonie entre bonsaï, *suiseki* et plante compagne. Au sein des clubs ou lors des congrès et expositions, vous disposerez généralement d'un cahier des charges pour présenter vos arbres.

LES PLANTES COMPAGNES

Dans la nature, les arbres poussent en compagnie de plantes sauvages et de pierres. C'est cette harmonie qu'il faut reproduire en exposition. La plante accompagnant le bonsaï doit être discrète avec de petites fleurs et venir renforcer l'aspect naturel de l'ensemble.

Ce sera une vivace herbacée, un petit bulbe, une herbe sauvage, une mousse, une fougère ou un bambou miniature.

Les vivaces

▸ ***Anemone nemorosa* 'Robinsoniana'**
L'anémone Sylvie se rencontre en sous-bois en Europe et dans l'ouest de l'Asie. Cette variété arbore des fleurs lilas au printemps. Les tiges de 15 à 20 cm de haut produisent des feuilles pétiolées et découpées. Les fleurs se ferment par temps couvert ou pluvieux.

Elle apprécie un substrat riche en humus et pousse à mi-ombre. Maintenez le substrat frais et arrosez, surtout en période de floraison.

▸ ***Antennaria dioica* 'rubra'**
Patte de chat rouge, cette petite plante de rocaille aime un sol bien drainé et une exposition ensoleillée. Native du centre de l'Europe, elle est facile à cultiver. En mai-juin, les capitules laineux sont portés par des pédoncules de 10-20 cm. Les petites feuilles basales sont couvertes de poils blancs.

▸ ***Aquilegia flabellata* var. *pumila***
Petite plante de rocaille, l'ancolie du Japon ne mesure que 10 à 15 cm. Elle pousse dans une terre de jardin modérément humide. Les fleurs sont bicolores bleu et blanc. Les feuilles sont vert-gris mat et joliment découpées en trois lobes (trifides).

Antennaria dioica.

Gentiana makinoi

Cette gentiane originaire des montagnes du Japon apprécie un sol sans calcaire. Les fleurs campanulées sont blanches, bleues ou rose fuchsia.
La floraison se produit en août-septembre, elle préfère une exposition à mi-ombre.

Hosta venusta

Cet hosta nain originaire de Corée possède des tiges de 15-20 cm de haut sur lesquelles s'épanouissent en été des fleurs rose clair à centre blanc rayé de rose.
Il aime un sol frais riche en humus. Attention aux limaces et escargots qui en font un festin !

Ophiopogon planiscapus 'nigrescens'

Cette liliacée originaire du Japon arbore des feuilles noires, linéaires de 35 cm de long et des baies noires. Les fleurs sont insignifiantes. Pour conserver la couleur des feuilles, divisez la touffe lorsqu'elle est à l'étroit dans le pot. Le semis donne des plantes à feuilles vertes.
Le substrat doit être humique et acide, l'exposition à l'ombre.

Les graminées

Acorus gramineus

Cette graminée de la famille des aracées pousse en milieu aquatique et aime un sol frais. Ses feuilles linéaires mesurent 8 à 35 cm de long, d'un vert franc ou panaché blanc-crème pour les variétés. Elle apprécie une brumisation des feuilles et un substrat conservant de l'eau (avec argile ou compost). L'exposition à privilégier est ombre ou mi-ombre.

Hakonechloa macra 'aureola'

Cette graminée originaire du Japon possède de grandes feuilles retombantes et pousse dans une seule direction, ce qui procure un bel effet esthétique. Les feuilles sont jaunes striées de vert.

Bien qu'elle préfère une situation fraîche, elle peut pousser au sec. L'exposition doit être ombre ou mi-ombre.

- ***Imperata cylindrica* 'Red Barron'**

Cette graminée méditerranéenne pousse en touffe. Elle produit en automne de jeunes feuilles rouge vif qui, à contre-jour, font penser à des flammes. La touffe drageonne modérément. Veillez à lui assurer une protection hivernale.
L'exposition doit être soleil ou mi-ombre.

Imperata 'Red Barron' dans un jardin.

Les bambous

Privilégiez les espèces naines.

- ***Pleioblastus distichus***

Originaire du Japon, ce bambou atteint une taille de 10 à 50 cm ; le diamètre des chaumes est de 1 à 2 mm. Ses petites feuilles vert brillant sont disposées de part et d'autre des chaumes. La culture se fait en sol bien drainant, avec apports d'engrais deux fois par an. L'exposition lui est indifférente.

- ***Pleioblastus pumilus***

Originaire du Japon, ce bambou forme de superbes boules de feuillage. De 30 à 80 cm de hauteur, il possède des feuilles vert foncé. Robuste, il supporte les sols pauvres et toutes les situations s'il ne manque pas d'eau.

Pleioblastus humilis var. *pumilus*.

EN RÉSUMÉ

Vous trouverez ces plantes chez les pépiniéristes collectionneurs, les spécialistes en vivaces et en plantes de rocaille.

Les bonnes adresses

LES FOURNISSEURS ET PÉPINIÈRES

Maillot Bonsaï
Bonsaïs d'intérieur et d'extérieur, ainsi que tous les produits associés.
Site : www.maillot-bonsai.com
Contact : 04 74 55 23 48 ; contact@maillot-bonsai.com

Poteries de Puymoyen
Fabrication de pots pour bonsaï et *suiseki (suiban)*. Visite sur rendez-vous.
Site : www.poteriedepuymoyen.fr
Contact : Jacques Marty, 05 45 61 11 27 ; jmfmarty@wanadoo.fr
Adresse : 33, rue du Bourg, 16400 Puymoyen

Ateliers Yama Goya
Création de pots à bonsaï et *kusamono*. Stages de céramique (grès et *raku*) et de bonsaï.
Site : www.patrice bongrand.com/ateliers-bonsai.html
Contact : Patrice Bongrand, 05 59 34 87 01 ou 06 88 56 36 80 ; patrice.bongrand@wanadoo.fr

Yamadori Bonsaï
Gilbert Labrid, professionnel spécialiste du bonsaï, propose une vaste gamme de produits adaptés à tous les amateurs, débutants ou confirmés.
Contact : Gilbert Labrid, 06 14 35 77 55
Adresse : 34000 Montpellier

Bonsaï Araki
Vente de *yamadori*, une très bonne adresse pour les amateurs de sujets exceptionnels. Visite de la pépinière uniquement sur rendez-vous, pas d'envoi d'arbres.
Site : bonsai-araki.com
Contact : Patrick Boselli, 06 81 75 80 15

Pépinières Christian Coureau
Créateur, producteur et éleveur d'arbres en nuage et d'arbustes.
Site : www.coureau.com
Contact : 06 08 96 46 31 ou 04 75 47 24 86 ; christian@coureau.com
Adresse : 895, route Les Basses Rives, Saint-Mamans, 26300 Rochefort-Samson

Bonsaï Charbonnel
Pépinière spécialisée dans la vente d'arbres de pleine terre, taillés en nuage, appelés *niwaki*.
Site : bonsai-charbonnel.fr
Contact : 06 73 70 50 93 ; bonsaicharbonnel@gmail.com
Adresse : 74, rue du Fort, 01550 Collonges

Jardin japonais
Boutique de décors nécessaires à la création de jardins japonais. Show-room uniquement sur rendez-vous.
Site : http://www.jardinjaponais.fr/
Contact : 01 48 77 47 59 ; contact@jardinjaponais.fr

Artablettebonsaï
Fabricant de tablettes pour bonsaïs et *suiseki* sur mesure.
Site : artablettebonsai.wixsite.com/artablettebonsai
Contact : Pierre Bréchon, 06 52 36 10 88 ; artablettebonsai@sfr.fr

Pépinière du Mandarin
Pépinière spécialisée dans les jeunes plants de bonsaï, liste sur demande.
Site : www.pepiniere-mandarin.com
Contact : 04 94 70 35 34
Adresse : 8132, route Saint-Lambert, 83780 Flayosc

L'arbre de vie
Boutique et services pour bonsaïs proposés par Danielle et Pierre Vergnes. Présentation du magasin et de la nursery sur le site.
Site : www.larbredevie.com/boutique/
Contact : 01 45 49 13 86 ; bonjour@larbredevie.com
Adresse : 8, avenue du Maine, 75015 Paris

Bonsaï-ka
Boutique proposant bonsaïs, outils et accessoires, décoration de jardin, objets traditionnels ou uniques d'Asie. Vente en ligne uniquement.
Site : www.bonsai-ka.com
Contact : 02 38 95 20 65 ; contact@bonsai-ka.com
Adresse : BP 39, 45220 Château-Renard

Arbor'essences
Petite pépinière implantée en Touraine proposant divers plants, pré-bonsaïs et pré-formés, ainsi que bonsaïs plus aboutis. Visite sur rendez-vous.
Site : arboressencesbonsai.blogspot.com/
Contact : Xavier Leman ; 06 18 45 37 38 arboressencesbonsai@gmail.com
Adresse : 4, rue du Bocage, 37270 Athée-sur-Cher

LES SITES INTERNET

Bonsaï Empire
Site proposant des guides d'entretien, fiches par espèces et cours en ligne.
Site : www.bonsaiempire.fr

Bonsaïpa
Site de petites annonces dédiées au monde du bonsaï, très précieux, surtout pour les débutants ayant peu de moyens financiers.
Site : www.bonsaipa.com

Fédération française du bonsaï (FFB)
Site officiel de la Fédération française de bonsaï, avec annuaire des clubs agréés.
Site : www.ffbonsai.com/annuaire-clubs

Nejikan bonsaï (chaîne Youtube)
Chaîne qui va à l'essentiel avec pédagogie.
Site : www.youtube.com/channel/UC3WbaVlXKbwDJQYq60ZqQbA

Et pour voir de beaux bonsaïs en exposition...

- www.albert-kahn.fr/
- www.ginkgobonsai.be/

Fusain du Japon (*Euronymus japonicus*), style Moyo-Gi, droit formel, présentant une légère courbe au sommet (apex) avec un Shari bien exécuté

Bibliographie

LES LIVRES

▸ ***Technique du bonsaï – tome 1* de John Yoshio Naka**

Cet ouvrage complet paru en 1973 est un classique des amateurs de bonsaïs. Ce premier tome s'adresse principalement aux débutants. Vous y trouverez toutes les bases pour entretenir et même créer vos propres bonsaïs. Les photos noir et blanc sont d'époque, avec des schémas clairs et précis.

▸ ***Technique du bonsaï – tome 2* de John Yoshio Naka**

Ce second tome paru également en 1973 s'adresse plutôt aux amateurs qui souhaitent aller plus loin, après la lecture du tome 1. Les détails sont plus approfondis sur les sujets suivants : l'amélioration du *nebari*, le choix d'un pot, les plantes d'accompagnement pour les expositions, etc.

▸ ***John Naka's sketchbook* de John Yoshio Naka**

Ce livre rassemble les croquis de John Yoshio Naka, qui inspireront les amateurs de bonsaïs. Ils fournissent des exemples simples des techniques utilisées pour améliorer les arbres.

▸ ***La Connaissance du bonsaï – tome 1 : 150 questions-réponses* de Benoît Grandjean**

Cet ouvrage s'adresse aux débutants comme aux confirmés. Il répond de façon détaillée aux questions qu'un débutant se pose. Cet ouvrage peut sembler difficile d'approche, surtout si vous n'avez pas envie de rentrer dans les détails de la biologie du végétal, c'est toutefois un classique très utile pour approfondir ses connaissances.

Citons également :

▸ *Esthétique et Bonsaï : guide pratique* de François Jeker

▸ *Bonsaï Art* de Marc Noelanders

▸ *Les Soins naturels aux arbres* d'Éric Petiot

▸ *Soigner les plantes par les huiles essentielles et les huiles végétales et minérales* d'Éric Petiot

▸ *Purin d'ortie et compagnie* de Bernard Bertrand, Jean-Paul Collaert et Éric Petiot

▸ *Pucerons, mildiou, limaces... : prévenir, identifier, soigner bio* de Jean-Paul Thorez

LES REVUES

▸ ***France bonsaï***

Excellente revue de l'éditeur Jardin press (agréée par la Fédération française de bonsaï) où vous trouverez des numéros spéciaux pour débuter pas-à-pas, des dossiers thématiques, une galerie présentant des sujets magnifiques, ainsi que des nouvelles des clubs affiliés à la FFB.

▸ ***Bonsaï Focus* (Membre de la Nippon Bonsaï Association)**

Ce magazine bimestriel international pour débutants et confirmés propose des reportages détaillés et des photos de bonsaïs extraordinaires. Les articles sont souvent complétés par des vidéos.

Crédits photographiques

Photos © Shutterstock sauf
© Biosphoto: p. 38: © Flora Press / Marie O'Hara - p. 45 D: © Flora Press - p. 48 G: © Jean-Michel Groult - p. 48 D: © Jean-Michel Groult - p. 51: © Pascal Pittorino - p. 52: © Jean-Michel Groult - p. 53: © Digitalice - p. 56 G: © Serge Lapouge - p. 57: © Jean-Michel Groult - p. 60 (2): © François Gilson - p. 61 (4): © André Pascal - p. 61 (6): © Flora Press / Thomas Lohrer - p. 62 (7): © SPL - Science Photo Library / Geoff Kidd - p. 64 (13): © SPL- Science Photo Library / Geoff Kidd - p. 66 (8): © Jacques Rosès - p. 67 (11): © Christophe Sidamon-Pesson - p. 67 (12): © Olivier Miniato - p. 92: © J.-M. Labat && F. Rouquette - p. 94: © Gilles Le Scanff & Joëlle-Caroline Mayer - p. 95: © Frédéric Didillon - p. 97 (bas): © Pascal Goetgheluck - p. 100 (D): © Flora Press / Lena Möhler - p. 101 (H): © Alain Kubacsi - p. 105: © GWI - Garden World Images / Oscar D'arcy- p. 106: © Visions Pictures - p. 107: © Gilles Le Scanff & Joëlle-Caroline Mayer - p. 108 (H): © Juniors - p. 109 (G): © Visions Pictures - p. 110 (G): © Claude Thouvenin - p. 113: © Friedrich Strauss - p. 118: © GWI - Garden World Images - p. 122 (H): © Visions Pictures - p. 123 (G): © Yann Avril - p. 123 (D): © Visions Pictures.

Illustrations p. 20, 21, 23, 26, 32, 35 (bas), 39, 40, 46, 49, 50, 52, 74, 77, 83, 93: © Olivier Gihaut.
Illustrations p. 34-35: © Shutterstock.

Direction d'édition : Nathalie Viard
Directrice éditoriale : Adeline Lobut
Coordination d'édition : Isabelle Misery
Édition : Marion Pellé
Textes : Olivier Gihaut
Conception graphique : Either studio
Mise en pages et couverture : Either studio

Éditions Massin
Publiées par Société d'Information et de Créations – SIC
Une société de Marie Claire Album
9, place Marie-Jeanne Bassot 92593 Levallois-Perret Cedex
Tél. : 01 41 46 88 88
RCS Nanterre 302 114 509
SARL au capital de 822 000 euros

ISBN : 978-2-7072-1417-1
N° Éditeur : 38369
Imprimé par Rotolito, Roumanie
Dépôt légal : mai 2024

PEFC
PEFC/46-31-13
Certifié PEFC
Ce produit est issu de forêts gérées durablement et de sources contrôlées
www.pefc.ro